EL LENGUAJE DEL YOGA

El lenguaje del yoga

Una guía completa de los nombres de los asanas, los términos en sánscrito y los cánticos yóguicos

Nicolai Bachman

edaf

MADRID - MÉXICO - BUENOS AIRES - SANTIAGO

2025

Título original: THE LANGUAGE OF YOGA

Editorial Edaf, S. L. U.
Jorge Juan, 68. 28009 Madrid, España
Tel. (34) 91 435 82 60
http://www.edaf.net
edaf@edaf.net

Algaba Ediciones, S. A. de C. V.
Calle 21 - Poniente 3323. Colonia Belisario Domínguez
Puebla 72180, México
Tel. 52 22 22 11 13 87
jaime.breton@edaf.com.mx

Edaf del Plata, S. A.
Chile, 2222
1227 Buenos Aires, Argentina
Tel.: +54 11 43 08 52 22 +54 11 67 84 95 16
edafdelplata@gmail.com
fernando.barredo@edaf.com.mx

Edaf Chile, S. A.
Huérfanos, 1178, Oficina 501
Santiago, Chile
Tel.: +56 9 4468 0539 +56 9 4468 0537
comercialedafchile@edafchile.net

Febrero de 2025

El propósito de este proyecto es conservar y fomentar la ortografía y la pronunciación correcta de los términos sánscritos relacionados con la ciencia del yoga.
Para recibir más información sobre clases, talleres u otros productos, pónganse en contacto con Sanskrit Sounds, Santa Fe (Nuevo México, EE. UU.), www.SanskritSounds.com.

ISBN: 978-84-414-4402-7
Depósito legal: M-693-2025

Papel 100% procedente de bosques gestionados de acuerdo con los criterios de sostenibilidad.

PRINTED IN SPAIN IMPRESO EN ESPAÑA

Cofas, S. A. (Móstoles) Madrid

Gracias

David Frawley

Tias y Sūrya Little

Jeff Martens

Tim Miller

Darlene Tate

y, sobre todo,

a Margo, mi mujer,

por su apoyo y amor constantes.

ÍNDICE

DISCO 2: NOMBRES DE ASANAS

*Todos los contenidos y pistas descritos sobre el Disco 1 y Disco 2 se hallan en los códigos QR que el lector encontrará al final del libro. (*N. del E.*)

INTRODUCCIÓN

Saber pronunciar el sánscrito correctamente es imprescindible para todos los maestros y estudiantes serios de yoga.

Esta lengua sagrada surgió a partir de unas tradiciones orales que se desarrollaron para transmitir los descubrimientos espirituales de los sabios antiguos. Dado que el sánscrito es el lenguaje del yoga, el practicante que es capaz de comprender la terminología sánscrita fundamental y su pronunciación podrá profundizar mejor en su conocimiento del camino del yoga. Este estudio también puede aportar un entendimiento más completo del significado y del propósito de los *āsanas* o posturas del yoga, conocimiento que se pierde cuando solo se conocen sus nombres españoles.

Se dice que el sánscrito fue transmitido por revelación divina a sabios que meditaban hace miles de años. Cierto relato cuenta que Śiva tocó su tambor *damaru* catorce veces, creando así el alfabeto sánscrito. Estos catorce «Sūtras Maheśvara» constituyen el comienzo del texto en el que se expone la gramática sánscrita. El alfabeto está adaptado perfectamente al aparato vocal humano, y el sonido de cada palabra representa la energía sutil de su significado. Dado que cada sílaba tiene una duración de uno o de dos tiempos, pronunciarlas correctamente nos permite sentir el ritmo natural del lenguaje y absorber la esencia verdadera de la palabra. Al sánscrito se le llama *Devavāṇi* o «lengua de los dioses», pues se dice que los dioses se entienden entre sí y se comunican en sánscrito. Por ello, en todas las ceremonias sagradas con motivo de nacimientos, bodas, muertes, y demás ritos religiosos, se realizan cánticos en sánscrito. La vida misma de estos ritos es el sonido de los himnos védicos, que se han conservado a lo largo de miles de generaciones con la práctica de los cánticos.

Dado que la sabiduría védica se conservó por transmisión oral durante mucho tiempo antes de que se recogiera por escrito, nadie sabe a cuándo se remonta. Los textos escritos sánscritos más antiguos que se conocen son los Vedas, que comienzan con el Ṛg Veda, cuyo texto escrito se remonta al menos al 1500 antes de nuestra era. Los tres Vedas siguientes (Sāma, Yajur y Atharva) se derivan todos ellos del Ṛg Veda. Los Upaniṣads, que constituyen la base de la filosofía vedanta, son extrapolaciones y sumarios de los Vedas. A los Vedas y sus textos derivados, los Upaniṣads, se les llama en su conjunto los *sruti,* que significa «oídos», porque se les atribuye un origen divino, como textos revelados en su principio por videntes iluminados.

El yoga, junto con el *Āyurveda* (la medicina hindú), el *Jyotiṣa* (la astrología hindú) y otras ramas incontables de la sabiduría hindú, se transmitieron, tanto por vía oral como literaria, por medio de la refinada lengua sánscrita. Los *sūtras,* breves aforismos cargados de información y fáciles de aprender de memoria, solían componerse con el fin de recoger las ideas de la manera más eficaz posible. El estudiante solo podía captar toda la profundidad de su significado con la ayuda de un maestro o, al menos, con un tratado aclaratorio. También se componían estrofas en versos rítmicos; las más comunes eran las de cuatro versos de ocho u once sílabas cada uno. Recitar o cantar estas estrofas es otra manera natural y sencilla de aprenderlas de memoria.

En Occidente, el yoga se suele centrar en gran medida en la práctica de posturas físicas (āsanas). Sin embargo, el āsana no es más que una de las ocho ramas diferentes del yoga (ver Aṣṭāṅga). Los maestros y los estudiantes que conocen los nombres de las posturas en sánscrito pueden citarlas sin lugar a error. Citarlas por sus nombres traducidos al español puede conducir a confusiones, pues existen diversas traducciones, y una misma postura puede tener varios nombres españoles. Además, comprender plenamente cada una de las partes del nombre de un asana puede aportar un entendimiento más profundo de su forma y de su función. Al observar cómo se emplea una misma palabra en varios nombres de diversas posturas, advertimos matices sutiles que se nos pasarían por alto de otro modo. El método hindú de aprendizaje se basa en gran medida en contemplar un objeto desde diversos ángulos para llegar a verlo en su forma completa.

El propósito de este libro es conservar y fomentar la ortografía y la pronunciación correcta de los términos sánscritos relacionados con la ciencia del yoga. Aporta así una referencia para los practicantes del yoga que desean perpetuar el vocabulario del yoga de manera precisa y respetuosa. Al ver unos términos agrupados en una disposición lógica, podemos visualizar sus relaciones mutuas.

Esperamos que tu viaje por el camino del yoga se dilate y se ilumine por la energía sonora y visual de este hermoso lenguaje.

NOTAS SOBRE LA PRONUNCIACIÓN DEL SÁNSCRITO

Combinación de vocales: En el sánscrito, cuando se reúnen dos vocales, se combinan formando otra cosa. Por ejemplo, «paścima uttānāsana» se convierte en «paścimottānāsana», y «marīci āsana» se convierte en «marīcyāsana».

Combinación de consonantes: En el sánscrito, cuando la consonante final de una palabra tiene un sonido no compatible con la consonante inicial de la palabra siguiente, puede variar la consonante final. Por ejemplo, «ṣaṭ mukhī» se convierte en «ṣanmukhī», «tiryak mukha» se convierte en «tiryaṅmukha», y «catur pāda» se convierte en «catuṣpāda».

Algunos sonidos del sánscrito se pronuncian de manera algo distinta en el norte y en el sur de la India. La «v» puede sonar como una «w», y la «ś» o la «ṣ» pueden sonar como una «sh» o como una «s».

Existen algunas diferencias entre la pronunciación del sánscrito y la del hindi. En el sánscrito, cuando una palabra termina en «a», se pronuncia la «a». En el hindi suele ser muda, aunque se escriba del mismo modo. Por ejemplo, la palabra sánscrita «āsana» se pronuncia en hindi como si fuera «āsan».

SÁNSCRITO	HINDI
«a» al final de palabra se pronuncia	«a» al final de palabra no se pronuncia en muchos casos
«a» al final de palabra es larga	«a» al final de palabra se pronuncia como «a» breve
«ph» se pronuncia como «p» aspirada	«ph» se pronuncia como «f»

NOTAS EXPLICATIVAS

Las imágenes que aparecen al principio de cada sección son las representaciones geométricas *(yantra)* de cada *chakra* elemental. El sonido sánscrito en el centro de cada yantra es el sonido primario del chakra correspondiente, una sola sílaba que termina en «m».

SECCIÓN DEL CHAKRA	SITUACIÓN	ELEMENTO	SONIDO SÁNSCRITO PRIMARIO
Cánticos para tus prácticas	garganta	espacio	ham
Términos del yoga	corazón	aire	yam
Secuencias del Aṣṭāṅga	ombligo	fuego	ram
Nombres de los asanas	zona reproductiva	agua	vam
Claves	base de la columna	tierra	lam

Si no encuentras en la sección alfabética el nombre sánscrito de un asana, búscalo en la clave de Sinónimos de nombres de asanas (página 118). Para localizar la postura por su nombre español, consulta la Clave de nombres españoles (página 120).

Los dibujos no pretenden ser más que una representación general de cada postura. No se muestran algunas variaciones de las mismas. Muchas posturas tienen varios nombres distintos, y un mismo nombre se puede emplear para muchas posturas. Los nombres que aparecen aquí están tomados de los sistemas clásicos del yoga y de las enseñanzas de B. K. S. Iyengar y de T. K. V. Desikachar. Se presentan por separado las tres primeras series del sistema Aṣṭāṅga de K. Pattabhi Jois.

Muchos términos sánscritos son muy complejos y difíciles de traducir. Por ello, en la mayoría de los nombres de āsana he optado por dar la traducción literal palabra por palabra. En el caso de los términos del yoga cuyo significado común es distinto del literal, se presenta entre comillas el significado literal.

SECUENCIAS DEL AṢṬĀṄGA

En el sánscrito se emplean las consonantes para designar las variaciones de una postura. Así, ka = a, kha = b, ga = c, gha = d.

Existen varias posturas que no se citan expresamente en las series, pero que se ejecutan como posturas transitorias. Se indican con un asterisco (*).

Muchos maestros han modificado la primera serie de diversas maneras, normalmente añadiendo o eliminando posturas. La primera serie que presentamos aquí se basa en los textos originales del propio K. Pattabhi Jois, escritos en sánscrito. Las series segunda y tercera son consistentes y están tomadas de los conocimientos de practicantes de gran experiencia.

La mayoría de los practicantes pronuncian los nombres de las posturas primera y última (Samasthiti y Utpluti) con «h» al final. Aunque esto no es consistente con el resto de los nombres de āsana, que no se pronuncian con su «m» final), lo dejamos así aquí por respeto al uso convencional.

Muchos nombres de la tercera serie son diferentes de los que aparecen en la sección alfabética. Por ejemplo, el nombre que aparece como «paścimottānāsana» en la sección alfabética se escribe «paścimatānāsana» en la sección del Aṣṭāṅga.

CÁNTICOS PARA TUS PRÁCTICAS

Siete cánticos comunes
que se recitan en el transcurso
de las clases de yoga

Siete sūtras del yoga
que tratan de
la definición
de yoga y de āsana

El sánscrito es una lengua muy rítmica y musical que se presta fácilmente al canto y a la recitación. Cada sílaba puede ser breve (un tiempo) o larga (dos tiempos). La sabiduría antigua se recogía en estrofas de métrica fija que facilitaban la memorización por la recitación, proporcionando así un medio útil para conservar la sabiduría védica a lo largo del tiempo. El primer cántico, dedicado a Gaṇeśa, es del Ṛg Veda, el texto más antiguo que se conserva en sánscrito, que se recogió por escrito hace más de tres mil quinientos años. Se aprecia que es un cántico védico por las marcas tonales que aparecen por encima y por debajo de las letras. Una línea horizontal por debajo de la sílaba indica tono bajo; si no hay ninguna señal, es tono medio, y una línea vertical por encima indica tono alto. Si hay dos líneas verticales por encima de la sílaba, se entona el primer tiempo de la sílaba con tono medio y el segundo tiempo con tono alto. Si sigues el texto escrito mientras escuchas el CD, percibirás con claridad los tres tonos.

La gran mayoría de los textos poéticos sánscritos están escritos en estrofas métricas, que suelen tener cuatro versos, cada uno de un número dado de sílabas. Las formas métricas más comunes tienen versos de ocho o de once sílabas. Todos los cánticos que figuran aquí, a excepción de los dos primeros, están en estrofas con versos de ocho o de once sílabas.

Se cree que la sílaba *Om* es el sonido primigenio a partir del cual comenzó todo el universo manifiesto. Se cree también que el propio Om contiene en sí mismo todos los demás sonidos y, por tanto, todas las formas de energía. Es muy común empezar y terminar un cántico con el Om.

Al entonar o recitar un cántico a una deidad se invoca la energía de esa deidad, lo que constituye una manera propicia de dar comienzo a una práctica o a una empresa. En la India se suele venerar en primer lugar a Gaṇeśa, que es la deidad que elimina los obstáculos y que otorga los bienes y la abundancia. Después de entonar un cántico a Gaṇeśa, se ejecuta otro cántico adecuado a la actividad concreta, ya sea una práctica, una meditación, una nueva empresa, etcétera. Todos los cánticos deben recitarse con actitud respetuosa y devota.

Gaṇānāṃ Tvā (Ṛgveda 2.23.1)

Mantra dedicado a Gaṇeśa, la deidad con cabeza de elefante, que retira los obstáculos y otorga protección.

DISCO 1, PISTA 1

ॐ	Om
गणानां त्वा गणपतिं हवामहे	gaṇānāṃ tvā gaṇapatiṃ havāmahe,
कविं कवीनामुपमश्रवस्तमम् ।	kaviṃ kavīnām upamaśravastamaṃ,
ज्येष्ठराजं ब्रह्मणां ब्रह्मणस्पत	jyeṣṭha-rājaṃ brahmaṇāṃ brahmaṇaspata
आ नः शृण्वन्नूतिभिस्सीद सादनम् ॥	ā naḥ śṛṇvannūtibhissīda sādanam.
श्रीमहागणपतये नमः	śrī-mahā-gaṇapataye namaḥ

Entre todos los compañeros de Śiva te invocamos a ti, Gaṇeśa,
vidente entre videntes, más glorioso y eminente,
soberano de todos los brahmanes. Oh, Señor de Brahman,
al oírnos, siéntate junto a nosotros con todas (tus) energías protectoras.
¡Salve al grande y magnífico Gaṇeśa!

Cántico a Sarasvatī

Para invocar la energía del habla y del conocimiento.

DISCO 1, PISTA 2

या कुन्देन्दुतुषारहारधवला	yā kundendu-tuṣārahāra-dhavalā
या शुभ्र वस्त्रावृता ।	yā śubhra-vastrāvṛtā,
या वीणावरदण्डमण्डितकरा	yā vīṇāvara-daṇḍa-maṇḍita-karā
या श्वेतपद्मासना ॥	yā śveta-padmāsanā.
या ब्र ह्माच्युतशङ्करप्र भृतिभिर्	yā brahmācyutaśaṅkara-prabhṛtibhir
देवैः सदा वन्दिता ।	devaiḥ sadā vanditā,
सा मां पातु सरस्वती भगवती	sā māṃ pātu Sarasvatī bhagavatī
निश्शेषजाड्यापहा ॥	niśśeṣajāḍyāpahā.

La que es blanca y pura como una guirnalda de jazmín, la luna o la nieve, vestida de blanco;
la que tiene las manos adornadas con la vina, el libro y el bastón, sentada en un loto blanco;
venerada siempre por los dioses, encabezados por Brahma, Visnu y Siva;
que ella, divina Sarasvatī que retira toda oscuridad, me proteja.

Yogena Cittasya

A Patanñjali, autor de los *Yoga Sūtras*. Se suele entonar al principio de una práctica de yoga o de una clase de sutras.

DISCO 1, PISTA 3

योगेन चित्तस्य पदेन वाचां	yogena cittasya padena vācāṃ
मलं शरीरस्य च वैद्यकेन ।	malaṃ śarīrasya ca vaidyakena,
यो ऽपाकरोत्तं प्र वरंमुनीनां	yo ‘pākarottaṃ pravaraṃ munīnāṃ
पतञ्जलिं प्राञ्जलिरानतो ऽस्मि ॥	Patañjaliṃ prāñjalirānato ‘smi.
आबाहुपुरुषाकारं	ābāhu puruṣākāraṃ
शङ्खचक्रासिधारिणम् ।	śaṅkha-cakrāsi-dhāriṇaṃ,
सहस्र शिरसंश्वेतं	sahasra-śirasaṃ śvetaṃ
प्रणमामि पतञ्जलिम् ॥	praṇamāmi Patañjalim.
श्रीमतेअनन्ताय नागराजाय नमो नमः	Śrīmate anantāya nāgarājāya namo namaḥ

Me inclino en honda reverencia con las manos plegadas ante Patañjali,
el más excelente de los sabios, que eliminó
la impureza de la conciencia por el yoga,
la impureza del habla por la palabra (la gramática), y
la impuerza del cuerpo por la medicina (Āyurveda).

Con forma de hombre hasta los hombros,
lleva la caracola (sonido divino), el disco (la rueda del tiempo)
y la espada (la distinción),
con mil cabezas, blanco,
me inclino respetuosamente ante Patañjali.

Al magnífico, eterno, rey de los nāgas, salve, salve.

Vande Gurūṇām

Devoción a los pies de loto de todos los gurúes, equiparados a Śiva. La segunda mitad, dedicada a Patañjali, que se considera encarnación de Viṣṇu. Se suele entonar al principio de una práctica de yoga.

DISCO 1, PISTA 4

वन्दे गुरूणां चरणारविन्दे	vande gurūṇāṃ caraṇāravinde
संदर्शितस्वात्मसुखावबोधे ।	saṃdarśita-svātma-sukhāvabodhe,
निःश्रेयसेजाङ्गलिकायमाने	niḥśreyase jāṅgalikāyamāne
संसारहालाहलमोहशान्त्यै ॥	saṃsāra-hālāhala-moha-śāntyai.
आबाहुपुरुषाकारं	ābāhu puruṣākāraṃ
शङ्खचक्रासिधारिणम् ।	śaṅkha-cakrāsi-dhāriṇaṃ,
सहस्र शिरसंश्वेतं	sahasra-śirasaṃ śvetaṃ
प्रणमामि पतञ्जलिम् ॥	praṇamāmi Patañjalim.

Adoro los pies de loto de todos los gurúes
que despiertan y manifiestan alegría en uno mismo;
incomparables, que aparecen como un encantador de serpientes (Śiva)
para apaciguar el engaño venenoso del saṃsāra (el ciclo de la vida
y de la muerte).

Con forma de hombre hasta los hombros,
lleva la caracola (sonido divino), el disco (la rueda del tiempo)
y la espada (la distinción),
con mil cabezas, blanco,
me inclino respetuosamente ante Patañjali.

Maṅgala Mantra (Auspicious Mantra)

Se suele entonar al final de una práctica de yoga.

DISCO 1, PISTA 5

स्वस्ति प्रजाभ्यः परिपालयन्तां	svasti prajābhyaḥ paripālayantāṃ
न्यायेन मार्गेण महीं महीशाः ।	nyāyena mārgeṇa mahīṃ mahīśāḥ,
गोब्र ाह्मणेभ्यः शुभमस्तु नित्यं	gobrāhmaṇebhyaḥ śubhamastu nityaṃ
लोकाः समस्ताः सुखिनो भवन्तु ॥	lokāḥ samastāḥ sukhino bhavantu.

Que estén bien todas las gentes.
Que los grandes maestros protejan la Tierra bien y con justicia.
Que seamos afortunados eternamente con vacas (riqueza) y con sabios.
Que todos los mundos sean felices.

Śiva Mantra (del Nirālamba Upaniṣad)

Se suele cantar al principio de una práctica de yoga.

DISCO 1, PISTA 6

ॐ नमः शिवाय गुरवे	Om namaḥ Śivāya gurave
सच्चिदानन्दमूर्तये ।	saccidānanda-mūrtaye,
निष्प्र पञ्चय शान्ताय	niṣprapañcāya śāntāya
निरालम्बाय तेजसे ॥	nirālambāya tejase.

Saludos a Śiva, el maestro
cuya forma es la verdad, la consciencia y la dicha,
que carece de engaño, que es tranquilo,
independiente e iluminador.

Cántico a Kṛṣṇamācārya

Compuesto por el profesor T. Kṛṣṇamācārya cuando sus discípulos le pidieron un cántico en honor de su maestro. Lo presentamos aquí como homenaje a las aportaciones sin igual del profesor Kṛṣṇamācārya para la comprensión y la práctica del yoga por todo el mundo.

DISCO 1, PISTA 7

श्रीकृष्णवागीशयतीश्वराभ्यां	Śrī-Kṛṣṇa-Vāgīśa-yatīśvarābhyāṃ
संप्राप्तचक्राङ्कनभाष्यसारम्।	saṃprāpta-cakrāṅkana-bhāṣyasāram,
श्रीनूत्नरङ्गेन्द्रयतौ समर्पितस्वं	Śrī-nūtna-Raṅgendra-yatau samarpitasvaṃ
श्रीकृष्णमार्यंगुरुवर्यमीडे ॥	Śrī-Kṛṣṇam-āryaṃ guruvaryam īḍe.
विरोधे कार्तिके मासे	virodhe kārtike māse
शतताराकृतोदयम् ।	śatatārā-kṛtodayaṃ,
योगाचार्यं कृष्णमार्यं	yogācāryaṃ Kṛṣṇam-āryaṃ
गुरुवर्यमहं भजे ॥	guru-varyam-ahaṃ bhaje.
श्रीगुरुभ्यो नमः	Śrī-gurubhyo namaḥ
हरिः ॐ	Hariḥ Om

Alabo a (nuestro) maestro principal, el venerable Śrī Kṛṣṇamācārya,
que recibió la esencia del Vedanta de Śrī Vāgīśa,
(y) las marcas de los cakra de Śrī Kṛṣṇa,
ambos maestros ascetas (y profesores)
(y) que puso toda su confianza en Śrī Raṅgendra, asceta (y profesor).

Nacido en (el año de) Viroda,
durante el mes de Kārtika
(bajo la) estrella de Śata,
a (este) maestro de yoga,
el venerable Śrī T. Kṛṣṇamācārya
(nuestro) maestro principal,
hago oración.

Yoga Sūtras de Patañjali

Esta breve colección de 196 aforismos escritos por Patañjali entre el año 500 y el 200 antes de nuestra era se ha convertido en el tratado más reconocido y aceptado del yoga como desarrollo de la consciencia humana. Incluimos aquí algunos de sus sutras, que definen el yoga y tratan del asana. En el texto sánscrito original, el número del capítulo y el número del sutra aparecen al final del sutra, rodeados de unas líneas verticales que se llaman danda. Estas indicaciones se recogen en el número de capítulo y de sutra que indicamos más abajo.

DISCO 1, PISTA 8

योगश्चि त्तवृत्तिनिरोधः ॥ १.२ ॥

1.2 yogaścittavṛttinirodhaḥ

El yoga es aquietar las fluctuaciones en (la propia) consciencia.

तदा द्र ष्टु स्वरूपे ऽवस्थानम् ॥ १.३ ॥

1.3 tadā draṣṭuḥ svarūpe 'vasthānam

Entonces, el habitar del que ve en (su) propia naturaleza verdadera.

वृत्तिसारूप्यमितरत्र ॥ १.४ ॥

1.4 vṛttisārūpyamitaratra

De lo contrario, conformidad/identidad con las fluctuaciones.

यमनियमासनप्र ाणायामप्रत्याहारधारणाध्यानसमाधयो ऽष्टावङ्गानि ॥ २.२९ ॥

2.29 yamaniyamāsanaprāṇāyāmapratyāhāradhāraṇādhyānasamādhayo `ṣṭāvaṅgāni

Las ocho ramas son yama, niyama, āsana, prāṇāyāma, pratyāhāra, dhāraṇā, dhyāna (y) samādhi.

स्थिरसुखमासनम् ॥ २.४६ ॥

2.46 sthirasukhamāsanam

Āsana (tiene las cualidades de) estabilidad y comodidad...

प्र यत्नशैथिल्यानन्तसमापत्तिभ्याम्॥ २.४७ ॥

2.47 prayatnaśaithilyānantasamāpattibhyām

... por la relajación con esfuerzo adecuado y la convergencia con el infinito.

ततो द्वन्द्वानभिघातः ॥ २.४८ ॥

2.48 tato dvandvānabhighātaḥ

A partir de esto, ninguna alteración por las parejas de opuestos.

TÉRMINOS DEL YOGA

Lista completa
de palabras sánscritas
relacionadas con el yoga

Cada término se repite dos veces,
con un intervalo para que lo puedas repetir.

Aṣṭāṅga (las ocho ramas del yoga)

El término Aṣṭāṅga designa las ocho ramas del yoga, que se describen en los *Yoga Sūtras* de Patañjali. Los Aṣṭāṅga nos proporcionan una manera práctica de vivir felizmente en el mundo al mismo tiempo que desplazamos gradualmente hacia dentro nuestra consciencia. La rama más externa son los *yamas* (conductas sociales). A continuación vienen los *niyamas* (conductas personales), que son como yamas internos. Los āsanas (posturas físicas) mantienen nuestro cuerpo flexible, fuerte y sano. El *prāṇāyāma* (la regulación de la respiración) es más sutil todavía, y empieza a purificar la mente. El *pratyāhāra* (la internalización de los sentidos) nos lleva todavía más al interior eliminando de la mente las distracciones de los sentidos. Las tres últimas ramas, que se llaman genéricamente *antaraṅga*, que significa «ramas interiores» tienen lugar dentro de la propia consciencia. El *dhāraṇā* nos permite enfocar una corriente de atención en un único objeto. Mantener este enfoque durante un tiempo largo es el *dhyāna,* la séptima rama. Por último, cuando el objeto de la meditación está absorbido en la consciencia de manera tan completa que no se la consciencia, que no se percibe separación entre sujeto y objeto, entonces se alcanza el *samādhi*. Este es el objetivo final.

DISCO 1, PISTA 9

1	yama	यम	ética social «contenciones» (véase Yamas, p. 19)
2	niyama	नियम	ética personal «contenciones internas» (véase Niyamas, p.19)
3	āsana	आसन	postura, sentarse
4	prāṇāyāma	प्राणायाम	regulación de la respiración (véase sección Prāṇāyāma, p. 31)
5	pratyāhāra	प्रत्याहार	internalización de los sentidos, «retraerse»
6	dhāraṇā	धारणा	enfoque, concentración
7	dhyāna	ध्यान	mantener el enfoque, meditación
8	samādhi	समाधि	absorción completa

Yamas (principios de ética social)

Los yamas son principios de ética social que nos permiten coexistir en paz en la comunidad. El primero y más importante es la no violencia.

DISCO 1, PISTA 10

ahiṃsā	अहिंसा	no violencia, reducir el daño
satya	सत्य	verdad
asteya	अस्तेय	no robar
brahmacarya	ब्रह्मचर्य	empleo adecuado de nuestra energía vital
aparigraha	अपरिग्रह	no posesividad

Niyamas (principios de ética personal)

Los niyamas son principios de ética personal necesarios para cuidarse y desarrollarse con el fin de hacer una vida equilibrada. Destacan sobre todo la limpieza y pureza del cuerpo, de la mente y del entorno, seguidos de la satisfacción exterior e interior. El desarrollo del cuerpo por una práctica regular, de la mente por el estímulo intelectual y del espíritu por la devoción a un poder superior contribuyen al crecimiento y a la libertad de la persona.

DISCO 1, PISTA 11

śauca	शौच	pureza, limpieza
santoṣa	सन्तोष	satisfacción
tapas	तपस्	práctica que produce el cambio, «calor»
svādhyāya	स्वाध्याय	autoestudio/observación (especialmente del mantra)
īśvarapraṇidhāna	ईश्वरप्रणिधान	devoción, entrega a una fuerza superior

Animales

Ciertas posturas toman su nombre del aspecto exterior de los animales o de la sensación que producen estos. Por ejemplo, la postura del león tiene el aspecto y produce la sensación de un león que ruge con fuerza, sacando el pecho y la lengua.

DISCO 1, PISTA 12

baka	बक	grulla
bheka	भेक	rana
bhujaṅga	भुजङ्ग	serpiente
cakora	चकोर	perdiz
garuḍa	गरुड	águila
go	गो	vaca
gorakṣa	गोरक्ष	vaquero, pastor de vacas
haṃsa	हंस	cisne
kapiñjala	कपिञ्जल	pájaro que se alimenta de gotas de lluvia
kāka	काक	cuervo
kapota	कपोत	paloma
kāraṇḍava	कारण्डव	ganso del Himalaya
krauñca	क्रौञ्च	garza
kukkuṭa	कुक्कुट	gallo
kūrma	कूर्म	tortuga
makara	मकर	animal marino semejante al cocodrilo
matsya	मत्स्य	pez
mayūra	मयूर	pavo real

nakra	नक्र	cocodrilo
śalabha	शलभ	langosta (insecto)
śaśa	शश	conejo
siṃha	सिंह	león
śvāna	श्वान	perro
tittibha	तित्तिभ	luciérnaga
uṣṭra	उष्ट्र	camello
vātāyana	वातायन	caballo
vṛścika	वृश्चिक	escorpión

Bandhas (cerraduras o contracciones)

Los *bandhas* son unas cerraduras o contracciones musculares que se producen contrayendo o bloqueando determinados músculos, sujetándolos y soltándolos después, relajando así esa zona del cuerpo. Los bandhas fortalecen y equilibran el sistema nervioso y el cuerpo sutil, y se pueden emplear para diversos fines terapéuticos.

DISCO 1, PISTA 13

jālandhara-bandha	जालंधरबन्ध	cerradura de garganta «apoyo de red»
jihvā-bandha	जिह्वाबन्ध	cerradura de lengua
mūla-bandha	मूलबन्ध	cerradura de raíz
uḍḍīyāna-bandha	उड्डीयानबन्ध	cerradura ascendente

Partes del cuerpo

Muchos nombres de posturas contienen los nombres de partes del cuerpo. Si conocemos los nombres de las partes del cuerpo, recordaremos mejor el modo de realizar una postura.

DISCO 1, PISTA 14

aṅga	अङ्ग	extremidad
aṅguṣṭha	अङ्गुष्ठ	pulgar, dedo gordo del pie
bhuja	भुज	brazo
gaṇḍa	गण्ड	mejilla, lado de la cara
garbha	गर्भ	vientre
hanu	हनु	mandíbula
hasta	हस्त	mano
jānu	जानु	rodilla
jaṭhara	जठर	estómago
karṇa	कर्ण	oído, oreja
mukha	मुख	cara, boca
pāda	पाद	pie, pierna
śīrṣa	शीर्ष	cabeza

Cakras (centros de energía)

Los cakras son espirales circulares de energía próximas a la espina dorsal, atravesadas por el *suṣumnā nāḍī* central por el que sube la energía *kuṇḍalinī* al irse despertando la consciencia. Cada cakra es responsable de diversas funciones corporales y emociones. Presentamos aquí los cakras ordenados de inferior a superior, siguiendo la marcha de la kuṇḍalinī y la evolución de una práctica de yoga, de lo basto a lo sutil.

DISCO 1, PISTA 15

1	mūlādhāra	मूलाधार	base de la columna, «soporte raíz»
2	svādhiṣṭhāna	स्वाधिष्ठान	sacro/zona reproductiva, «autoestablecido»
3	maṇipūra	मणिपूर	zona del ombligo, «lleno de joyas»
4	anāhata	अनाहत	zona del corazón «no golpeado»
5	viśuddha	विशुद्ध	zona de la garganta «purificado»
6	ājñā	आज्ञा	entre las cejas; dominio, voluntad, «conocimiento mejorado»
7	sahasrāra	सहस्रार	corona de la cabeza, «mil rayos»

Deidades y sabios

Tanto la filosofía del yoga como el hinduismo tienen sus raíces en los vedas. Muchos maestros y profesores de yoga son hinduistas y cuentan a sus alumnos unos relatos que transmiten de manera metafórica las ideas que quiere transmitir el profesor.
Por eso es importante conocer a los personajes fundamentales del panteón hinduista.

DISCO 1, PISTA 16

Brahman	ब्रह्मन्	energía de la creación
Buddha	बुद्ध	el despierto
Durgā	दुर्गा	aspecto femenino de Śiva
Gaṇeśa	गणेश	hijo de Śiva con cabeza de elefante, escriba del Mahābhārata, el que elimina los obstáculos
Hanumān	हनुमान्	energía de servicio, deidad-mono al servicio de Rāma
Kālī	काली	aspecto femenino de Śiva
Patañjali	पतञ्जलि	autor de los Yoga Sūtras
Kṛṣṇa	कृष्ण	encarnación de Viṣṇu, personaje principal del Bhagavad-Gītā
Rāma	राम	encarnación de Viṣṇu, personaje principal del Rāmāyaṇa
Sarasvatī	सरस्वती	energía del habla y del conocimiento, esposa de Brahma
Śiva	शिव	energía de la destrucción y la transformación
Viṣṇu	विष्णु	energía de la conservación y el mantenimiento
Vyāsa	व्यास	Autor del Mahābhārata

Direcciones y posiciones

Muchos nombres de posturas contienen términos que indican direcciones y posiciones. Resulta útil conocer estos términos para recordar el modo de realizar una postura.

DISCO 1, PISTA 17

adho	अधो	hacia abajo
parivartana	परिवर्तन	girando
parivṛtta	परिवृत्त	girado
pārśva	पार्श्व	lado
paścima	पश्चिम	espalda, detrás, oeste
prasārita	प्रसारित	extendido
pūrva	पूर्व	al frente, Este
sthiti	स्थिति	de pie
supta	सुप्त	acostado
tiryaṅ	तिर्यङ्	oblicuo
upaviṣṭa	उपविष्ट	sentado
ūrdhva	ऊर्ध्व	hacia arriba
utthita	उत्थित	extendido
uttāna	उत्तान	estirado
viparīta	विपरीत	invertido

Dṛṣṭis (vistas)

El *dṛṣṭi* es donde debe dirigirse la mirada durante la ejecución de una postura. Estas son las de uso más común por los practicantes del yoga Aṣṭāṅga.

DISCO 1, PISTA 18

aṅguṣṭhāgra	अङ्गुष्ठाग्र	punta del pulgar
bhrūmadhya	भ्रूमध्य	entre las cejas
hastāgra	हस्ताग्र	punta de la mano
nābhicakra	नाभिचक्र	cakra del ombligo
nasāgra	नसाग्र	punta de la nariz
pādāgra	पादाग्र	punta del pie
pārśva	पार्श्व	hacia un lado (hacia un punto lejano a la derecha o a la izquierda)
ūrdhva	ऊर्ध्व	hacia arriba

Elementos

Los «cinco grandes elementos», llamados *pañca-mahā-bhūta,* son los componentes básicos del mundo manifiesto. Representan todas las formas posibles de la materia, desde el elemento más basto, la tierra, hasta el más sutil y refinado, el espacio.

DISCO 1, PISTA 19

pṛthivī	पृथिवी	tierra
āp	आप्	agua
tejas	तेजस्	fuego
vāyu	वायु	aire
ākāśa	आकाश	espacio, éter

Kleśas (aflicciones)

Según los *Yoga Sūtras* de Patañjali, estas cinco aflicciones son la causa del karma y del sufrimiento futuros. La más imprortante es *Avidyā,* la ignorancia, que es el terreno donde surgen las otras, que solo pueden existir en su presencia.

DISCO 1, PISTA 20

avidyā	अविद्या	ignorancia, «falta de conocimiento»
asmitā	अस्मिता	ego, «yo-soy-idad»
rāga	राग	apego, pasión, deseo
dveṣa	द्वेष	aversión, odio
abhiniveśa	अभिनिवेश	deseo de supervivencia, miedo a la muerte

Mudrās (sellos o gestos)

Cada *mudrā* tiene una energía propia. Es frecuente que los dedos se toquen entre sí, conectando así los canales de energía *(nāḍīs)* del cuerpo que afectan tanto al que hace el gesto como al que lo recibe.

DISCO 1, PISTA 21

abhaya-mudrā	अभयमुद्रा	«gesto del sin miedo», con la palma apartada del cuerpo, los dedos juntos

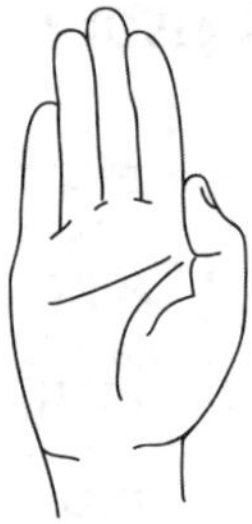

añjali-mudrā	अञ्जलिमुद्रा	«gesto de oración», con las palmas juntas, las puntas de los dedos hacia arriba

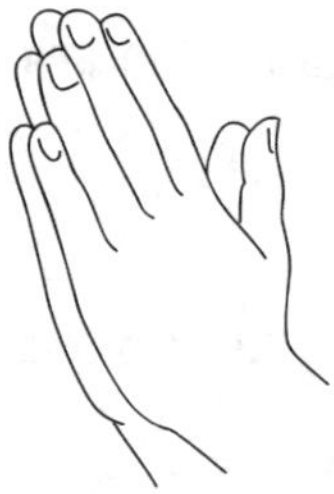

cin-mudrā	चिन्मुद्रा	«gesto de la consciencia», con las palmas hacia abajo, uniendo la punta del índice con la del pulgar

dhyāna-mudrā	ध्यानमुद्रा	«gesto de la meditación», con ambas palmas hacia arriba en el regazo, la mano derecha sobre la izquierda, los dedos completamente estirados

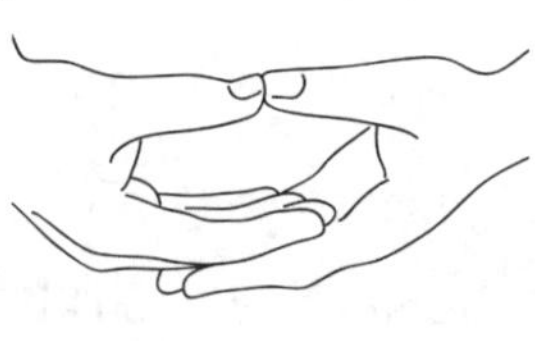

jñāna-mudrā ज्ञानमुद्रा «gesto del conocimiento», con las palmas hacia arriba, uniendo la punta del índice con la del pulgar

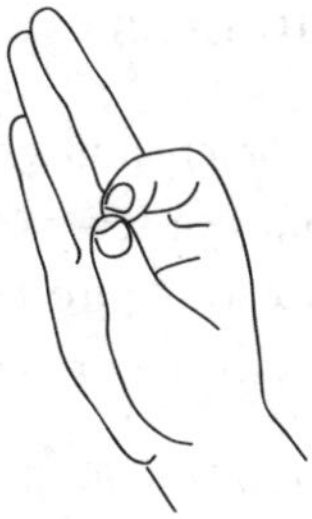

kāraṇa-mudrā कारणमुद्रा «gesto de la expulsión», el pulgar sujeta los dedos medio y anular, el índice y el meñique apuntan hacia fuera

varadā-mudrā वरदामुद्रा «gesto de conceder un don», la palma hacia afuera con el brazo completamente extendido

yoni-mudrā योनिमुद्रा «gesto del vientre»

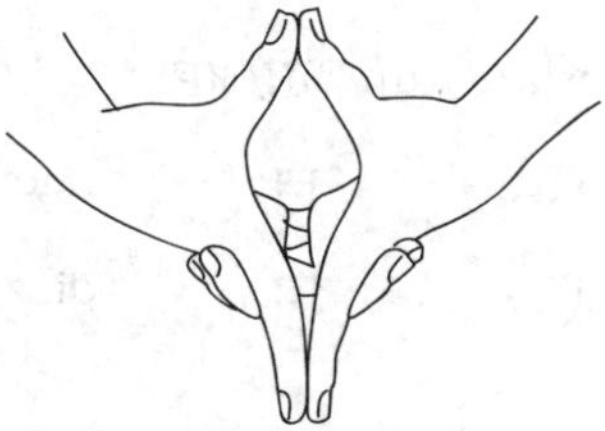

Números

Los practicantes del yoga emplean con frecuencia los números del uno al veinte, ya sea para contar las posturas en un flujo secuencial como el saludo al sol, o dentro del nombre de una postura, donde suelen designar cuántas piernas o extremidades participan (eka-pāda, dvi-pāda, catuṣ-pāda).

(NOTA: Los números del uno al cuatro son distintos si se declinan en género neutro. Véanse Nombres de āsanas - Saludos al Sol Aṣṭāṅga.)

DISCO 1, PISTA 22

eka	एक	uno	ekādaśa	एकादश	once
dvi	द्वि	dos	dvādaśa	द्वादश	doce
tri	त्रि	tres	trayodaśa	त्रयोदश	trece
catur	चतुर्	cuatro	caturdaśa	चतुर्दश	catorce
pañca	पञ्च	cinco	pañcadaśa	पञ्च दश	quince
ṣaṭ	षट्	seis	ṣoḍaśa	षोडश	dieciséis
sapta	सप्त	siete	saptadaśa	सप्तदश	diecisiete
aṣṭa/aṣṭau	अष्ट/अष्टौ	ocho	aṣṭādaśa	अष्टादश	dieciocho
nava	नव	nueve	navadaśa	नवदश	diecinueve
daśa	दश	diez	ekonaviṃśati	एकोनविंशति	diecinueve
			viṃśati	विंशति	veinte

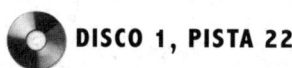

Prāṇāyāma (regulación de la respiración)

En esta cuarta rama del yoga se practican diversas técnicas de respiración para purificar la mente y reforzar los canales de la energía sutil (nāḍīs).

DISCO 1, PISTA 23

anuloma	अनुलोम	en el orden/sentido natural, «al pelo»
viloma	विलोम	en contra del orden/sentido natural, «a contrapelo»
pratiloma	प्रतिलोम	frente al orden/sentido natural, «frente al pelo»
bhastrikā	भस्त्रिका	inspiración y espiración fuerte, «fuelle»
kapāla-bhāti	कपालभाति	aliento de fuego, «pulido de cráneo»
kumbhaka	कुम्भक	suspensión del aliento, «jarra, vasija»
nāḍī-śodhana	नाडीशोधन	purificación de nadi (canal de energía)
pūraka	पूरक	inspiración, «llenar»
recaka	रेचक	espiración, «vaciar»
śītalī śītalī	शीतली शीतली	doblar hacia arriba los bordes de la lengua, «refrescar»
candra-bhedana	चन्द्रभेदन	inspiración izquierda, espiración derecha, «división de luna», refrescar
sūrya-bhedana	सूर्यभेदन	inspiración derecha, espiración izquierda, «división de sol», calentar
ujjāyī	उज्जायी	respirar con ruido en la garganta estrechando la tráquea, «superar»

Ṣaṭ-Karmas (seis actos de limpieza)

Los *Ṣaṭ-Karmas* son unas técnicas de limpieza corporal que se encuentran en el Haṭha Yoga Pradīpikā, y que sirven para purificar el cuerpo y la mente. Solo deben estudiarse con un maestro hábil y experto.

DISCO 1, PISTA 24

dhauti	धौति	tragarse un paño para limpiar el estómago
basti	बस्ति	enema ayurvédico
neti	नेति	limpieza de nariz/senos nasales
trāṭaka	त्राटक	fijar la mirada
nauli	नौलि	masaje abdominal
kapāla-bhāti	कपालभाति	limpieza de cráneo

Textos

Se reseñan a continuación los títulos de los textos más importantes relacionados con el yoga, escritos todos ellos en sánscrito. El *Bhagavad-Gītā* forma parte del *Mahābhārata,* y este, con el *Rāmāyaṇa,* constituyen los dos grandes poemas épicos de la literatura hindú.

DISCO 1, PISTA 25

Bhagavad-Gītā	भगवद्गीता	conversación entre Kṛṣṇa (dios) y Arjuna (humano), «canto divino»
Gheraṇḍa Samhitā	घेरण्ड संहिता	tratado sobre el Haṭha Yoga
Haṭhayoga Pradīpikā	हठयोग प्र दीपिका	tratado sobre el Haṭha Yoga, «iluminación del Haṭha Yoga»
Mahābhārata	महाभारत	relato épico donde se contiene el *Bhagavad-Gītā*, «Gran India»
Rāmāyaṇa	रामायण	Relato épico sobre la vida de Rāma, «Idas y venidas de Rāma»
Śiva Samhitā	शिव संहिता	tratado sobre el Haṭha Yoga
Yoga-Darśana	योगदर्शन	Yoga Sūtras de Patañjali
Yoga-Vasiṣṭha	योगवसिष्ठ	tratado sobre el yoga

Upaniṣads

Los *Upaniṣads* son la fuente de la filosofía *Vedānta*. Los trece textos que comentamos aquí son los más comunes. Son ampliaciones y resúmenes de los Vedas, explicados a un discípulo que estaba sentado *(ṣad)* cerca *(upa)* y más abajo *(ni)* del maestro.

DISCO 1, PISTA 26

Aitareya	ऐतरेय	nombre de un sabio
Bṛhad-Āraṇyaka	बृहदारण्यक	«gran bosque»
Chāndogya	छान्दोग्य	título de una parte de los Vedas
Īśā	ईशा	«señor»
Kaṭha	कठ	título de una parte del Yajur Veda
Kauṣītaki	कौषीतकि	nombre del sabio que lo enseñó
Kena	केन	«¿de quién?»
Maitri	मैत्रि	«amistad»
Māṇḍūkya	माण्डूक्य	nombre del sabio que lo enseñó
Muṇḍaka	मुण्डक	«rasurado»
Praśna	प्रश्न	«pregunta»
Śvetāśvatara	श्वेताश्वतर	«caballo blanco»
Taittirīya	तैत्तिरीय	título de una parte del Yajur Veda

Vāyus (vientos del cuerpo)

Los *vāyus* son los componentes primarios de la respiración.
Todos los movimientos del cuerpo dependen de estas energías. Se rigen por el *prāṇa*, y los āsanas los afectan y son afectados por ellos.

DISCO 1, PISTA 27

apāna	अपान	fuerza descendente que rige la excreción, «aliento descendente»
prāṇa	प्राण	fuerza ascendente primaria que rige la ingestión, la atención, «aliento primario»
samāna	समान	fuerza entrante que rige la digestión y la homeostasis, «aliento igualador»
vyāna	व्यान	fuerza saliente que rige la circulación, «aliento dominante»
udāna	उदान	fuerza ascendente que rige el esfuerzo, el habla, «aliento ascendente»

Vedas

Los vedas son los textos tántricos originales que constituyen la base de la filosofía hinduista y del yoga. Todos ellos están escritos en estrofas poéticas, y se han entonado y transmitido de generación en generación desde mil quinientos años antes de nuestra era, como mínimo.

DISCO 1, PISTA 28

Ṛg Veda	ऋग्वेद्	primer Veda, fuente de mantras
Sāma Veda	सामवेद्	segundo veda, canto de mantras
Yajur Veda	यजुर्वेद्	tercer veda, aplicación de los mantras en el ritual
Atharva Veda	अथर्ववेद्	cuarto veda, mantras védicos complementarios

Términos generales del yoga

DISCO 1, PISTA 29

abhyāsa	अभ्यास	práctica, enfoque
advaita	अद्वैत	principio de no dualidad
agni	अग्नि	principio del fuego
ahaṅkāra	अहङ्कार	ego, «yo, el hacedor»
ālamba	आलम्ब	apoyo
ānanda	आनन्द	alegría
aṣṭāṅga	अष्टाङ्ग	ocho ramas del yoga (véase sección sobre el Aṣṭāṅga)
ātman	आत्मन्	alma, ser
Āyurveda	आयुर्वेद	ciencia de la vida/longevidad, sistema holístico de medicina hindú de cinco mil años de antigüedad
baddha	बद्ध	atado, asido, agarrado
bandha	बन्ध	atadura, cierre (véase Bandhas)
bhakti	भक्ति	devoción
bhāvana	भावन	intención, actitud
bhūmi	भूमि	tierra
bhūta	भूत	elementos (véase Elementos)
buddhi	बुद्धि	intelecto, razón, aspecto del citta como tomador de decisiones
cakra	चक्र	centro de energía del cuerpo sutil, «rueda» (véase Cakras)
candra	चन्द्र	luna
cikitsā	चिकित्सा	tratamiento, terapia

cit	चित्	consciencia pura (sin *guṇas*)
citta	चित्त	conciencia condicionada (con *guṇas*)
daṇḍa	दण्ड	palo, poste
deva	देव	Dios, deidad masculina (véanse Deidades y Sabios)
devī	देवी	Diosa, deidad femenina (véanse Deidades y Sabios)
dhanur	धनुर्	arco
dharma	धर्म	religión, ley, deber, virtud, lo que defiende
dṛṣṭi	दृष्टि	vista (véase Dṛṣṭis)
duḥkha	दुःख	dolor, sufrimiento, «mal espacio»
ekāgratā	एकाग्र ता	lo que tiene una sola punta
guru	गुरु	maestro
guṇa	गुण	atributo, cualidad (véanse sattva, rajas, tamas)
haṭha	हठ	fuerza, unión del sol *(ha)* y la luna *(ṭha)*
hṛdaya	हृदय	corazón
iḍā	इडा	nāḍī izquierdo (femenino, lunar)
indriya	इन्द्रि य	órgano sensorial (ojo, oído, nariz, lengua, piel)
Īśvara	ईश्वर	Dios personal
jīvātman	जीवात्मन्	yo-individual contenido en el cuerpo humano
jñāna	ज्ञान	conocimiento, penetración
kanda	कन्द	nudo
karma	कर्म	acto, efecto de actos pasados
karuṇā	करुणा	compasión
kīrtana	कीर्तन	relatar, alabar

Términos generales del yoga (continuación)

kleśa	क्लेश	aflicción (véase Kleśas)
koṇa	कोण	ángulo
kriyā	क्रिया	acto, trabajo
kuṇḍalinī	कुण्डलिनी	energía que sube por el cuerpo por el suṣumnā nāḍī, «lo que se enrosca»
laghu	लघु	ligero (de peso)
liṅga	लिङ्ग	símbolo fálico de Śiva, cuerpo sutil, «marca»
madhya	मध्य	medio
mālā	माला	guirnalda, collar
maṇḍala	मण्डल	círculo
mantra	मन्त्र	sonido sagrado
mokṣa	मोक्ष	liberación, libertad
mudrā	मुद्रा	sello, gesto (véase Mudrās)
mukta	मुक्त	soltado, liberado
mūla	मूल	raíz, base
muni	मुनि	sabio
nāḍī	नाडी	canal por el que viaja la energía
nāga	नाग	serpiente
namaskāra	नमस्कार	saludo muy respetuoso
namaste	नमस्ते	saludo, «saludos a ti»
nātha	नाथ	linaje yóguico
nidrā	निद्रा	sueño profundo sin sueños, cuarto *vṛtti*
nirodha	निरोध	acallar, controlar, aligerar, cesar

nirvāṇa	निर्वाण	extinción, liberación de la existencia, «sin viento» o «sin aliento»
ojas	ओजस्	fuerza del prana, energía sutil del sistema inmunitario
padma	पद्म	loto
paramātman	परमात्मन्	Yo-superior, Yo-supremo
pariṇāma	परिणाम	transformación, cambio
paripūrṇa	परिपूर्ण	completo
piṅgalā	पिङ्गला	nāḍī derecho (masculino, solar)
prakṛti	प्र कृति	mundo manifesto, naturaleza, constitución genética de cada uno
prajñā	प्र ज्ञा	penetración, sabiduría
prāṇa	प्र ाण	aliento, energía (véase Vāyus)
prāṇāyāma	प्र ाणायाम	regulación del aliento (véase Prāṇāyāma)
pūjā	पूजा	celebración devota
puruṣa	पुरुष	contemplación de la consciencia no afectada por el mundo material
rāja	राज	rey
rajas	रजस्	guṇa de la actividad
rūpa	रूप	forma
śakti	शक्ति	poder, capacidad, energía, nombre de la compañera de Śiva
sama	सम	igual, mismo
saṃsāra	संसार	ciclo perpetuo del nacimiento y la muerte
saṃskāra	संस्कार	impresiones subliminales adquiridas, hábitos

Términos generales del yoga (continuación)

samyama	संयम	control completo (de la mente); las tres últimas ramas del yoga
śānti	शान्ति	paz, calma
sarva	सर्व	todo
ṣaṭ-karma	षट्कर्म	seis actos (limpiadores) (véase Ṣaṭ-Karmas)
sattva	सत्त्व	guṇa de la luz, inteligencia, pureza
siddha	सिद्ध	consumado
siddhi	सिद्धि	poder, logro
soma	सोम	néctar yóguico, jugo sagrado, luna
sthira	स्थिर	estable
sukha	सुख	agradable, cómodo, «buen espacio»
śūnya	शून्य	vacío, cero, vacuo
śūnyatā	शून्यता	vacuidad
sūrya	सूर्य	sol
suṣumnā	सुषुम्ना	nāḍī central próximo a la columna vertebral (neutro)
sūtra	सूत्र	hilo, aforismo
svarūpa	स्वरूप	la propia naturaleza de uno, «propia-forma»
tamas	तमस्	guṇa del embotamiento, inercia
Tantra	तन्त्र	técnica en la que suelen participar los mantra, los yantra y las deidades, obre todo la Diosa
tapas	तपस्	práctica que produce cambio, «calor»
tejas	तेजस्	brillo y calor del prana, fuego (véase Elementos)
ubhaya	उभय	ambos

upaniṣad	उपनिषद्	textos recopilados después de los vedas y que recogen la sabiduría de estos, «sentado cerca y por debajo» (véase Upaniṣads)
vāc	वाच्	habla
vairāgya	वैराग्य	atención no apegada
vajra	वज्र	duro, diamante, rayo
vāsanā	वासना	predisposición innata, tendencia, rasgo
vastu	वस्तु	objeto, designio, ciencia de disponer los objetos
vāyu	वायु	viento (véase Vāyus)
veda	वेद्	conocimiento, nombre de antiguas escrituras hindúes (véase Vedas)
Vedānta	वेदान्त	filosofía del pensamiento védico recogida en los Upaniṣads, «esencia de los Vedas»
viniyoga	विनियोग	aplicación del yoga
vinyāsa	विन्यास	secuencia que fluye, disposición
vīrya	वीर्य	fuerza, virilidad
viṣaya	विषय	objeto de los sentidos
vṛtti	वृत्ति	fluctuación, actividad, «giro»
yantra	यन्त्र	pauta geométrica visual
yoga	योग	unión, conexión, relación

SECUENCIAS DEL AṢṬAṄGA

Este sistema del yoga contiene seis «series»
de posturas, cada una de las cuales
debe dominarse antes de pasar a la siguiente,
y que van en orden creciente de dificultad.

Son muy pocos los practicantes que pasan de la tercera serie. Las secuencias se caracterizan por el estilo *vinyāsa,* una práctica de las posturas en serie continua de principio a fin, empleando la respiración para contar el tiempo de mantener la postura y pasando de una a la otra a cada inspiración o espiración.

La sección dedicada a la primera serie guía al practicante a lo largo de toda la serie primaria, incluido el cántico de invocación. En las series segunda y tercera solo se indican las posturas básicas de cada una. Para realizar la serie segunda o tercera en su totalidad, bastará con sustituir la sección de «posturas sentadas» de la primera serie por las posturas básicas que se indican en las series segunda o tercera respectivamente.

PRIMERA SERIE DEL AṢṬAṄGA

Yoga Cikitsā
Terapéutica del Yoga
योगचिकित्सा

Cántico de invocación: Vande Gurūṇām

DISCO 2, PISTA 1

Devoción a los pies de loto de todos los gurúes, equivalentes a Śiva. La segunda parte se dedica a Patañjali, considerado una encarnación de Viṣṇu.

वन्दे गुरूणां चरणारविन्दे	vande gurūṇāṃ caraṇāravinde
संदर्शितस्वात्मसुखावबोधे ।	saṃdarśita-svātma-sukhāvabodhe,
निःश्रेयसेजाङ्गलिकायमाने	niḥśreyase jāṅgalikāyamāne
संसारहालाहलमोहशान्त्यै ॥	saṃsāra-hālāhala-moha-śāntyai.
आबाहुपुरुषाकारं	ābāhu puruṣākāraṃ
शङ्खचक्रासिधारिणम् ।	śaṅkha-cakrāsi-dhāriṇaṃ,
सहस्र शिरसंश्वेतं	sahasra-śirasaṃ śvetaṃ
प्रणमामि पतञ्जलिम् ॥	praṇamāmi Patañjalim.

Adoro los pies de loto de todos los gurúes
que despiertan y manifiestan alegría en uno mismo;
incomparables, que aparecen como un encantador de serpientes (Śiva)
para apaciguar el engaño venenoso del samsara (el ciclo de la vida
y de la muerte).
Con forma de hombre hasta los hombros,
lleva la caracola (sonido divino), el disco (la rueda del tiempo)
y la espada (la distinción),
con mil cabezas, blanco,
me inclino respetuosamente ante Patañjali.

Saludos al Sol

Las tres series del Aṣṭāṅga comienzan con Saludos al Sol y Posturas de pie.

Sūrya-Namaskāra Ka
Saludo al Sol A

सूर्यनमस्कार क

DISCO 2, PISTA 2

Samasthitiḥ

ekam (uno)

dve (dos)

trīṇi (tres)

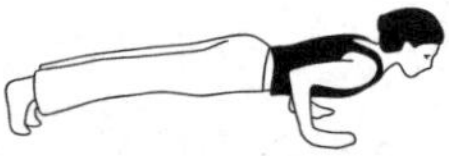

catvāri (cuatro)

pañca (cinco)

ṣaṭ (seis), 5 respiraciones

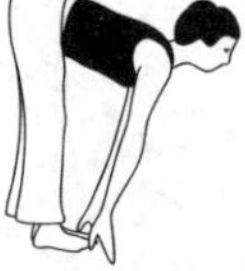

sapta (siete)

astau (ocho)

nava (nueve)

Samasthitiḥ

Sūrya-Namaskāra Kha

Saludo al Sol B

सूर्यनमस्कार ख

DISCO 2, PISTA 3

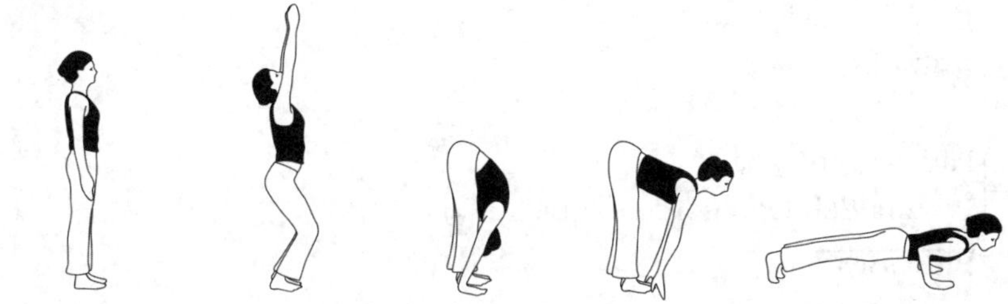

Samasthitiḥ ekam (uno) dve (dos) trīṇi (tres) catvāri (cuatro)

pañca (cinco) ṣaṭ (seis) sapta (siete) astau (ocho) nava (nueve)

daśa (diez) ekādaśa (once) dvādaśa (doce) trayodaśa (trece)

caturdaśa (catorce), 5 respiraciones; pañcadaśa (quince); ṣoḍaśa (dieciséis); saptadaśa (diecisiete); Samasthitiḥ

Postura de pie

DISCO 2, PISTA 4
Para localizar posturas individuales, utilizar indicación de minuto y segundo.

:03

Samasthitiḥ
De pie equilibrado
समस्थितिः

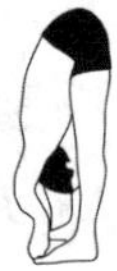

:06

1

Pādāṅguṣṭhāsana
Postura del dedo gordo del pie
पादाङ्गुष्ठासन

:11

2

Pāda-Hastāsana
Postura pie-mano
पादहस्तासन

:16

3

Utthita-Trikoṇāsana (ka, kha)
Postura de triángulo extendido
उत्थितत्रिकोणासन (क ख)

:25

4

Utthita-Pārśvakoṇāsana
Postura de ángulo lateral extendido
उत्थितपार्श्वकोणासन

:32

5

Prasārita-Pādottānāsana (ka, kha, ga, gha)
Postura pierna extendida estiramiento (a, b, c, d)
प्रसारितपादोत्तानासन (क ख ग घ)

:46
6
Pārśvottānāsana
Postura estiramiento lateral
पार्श्वोत्तानासन

:52
7
Utthita-Hasta-Pādāṅguṣṭhāsana
Postura extendida mano-dedo gordo del pie
उत्थितहस्तपादाङ्गुष्ठासन

1:01
8
Ardha-Baddha-Padmottānāsana
Postura del loto medio asido-estiramiento
अर्धबद्धपद्मोत्तानासन

1:09
9
Utkaṭāsana
Postura poderosa
उत्कटासन

1:14
10
Vīrabhadrāsana (ka, kha)
Postura del guerrero (a, b)
वरिभद्रासन (क ख)

Posturas sentadas

DISCO 2, PISTA 5

Para localizar posturas individuales, utilizar indicación de minuto y segundo.

El asterisco * indica una postura de transición que no se nombra expresamente en la secuencia tradicional. La mayoría no llevan número.

:03
Daṇḍāsana *
Postura del bastón
दण्डासन

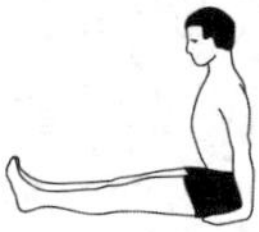

:07
11
Paścimatānāsana
Postura estiramiento atrás
पश्चि मतानासन

:12
12
Pūrvatānāsana
Postura estiramiento al frente
पूर्वतानासन

:17
13
Ardha-Baddha-Padma-Paścimatānāsana
Postura estiramiento atrás
loto medio asido
अर्धबद्धपद्मपश्चि मतानासन

:27
14
Tiryaṅ-Mukhaikapāda-Paścimatānāsana
Postura cara oblicua
estiramiento una pierna atrás
तिर्यङ्मुखैकपादपश्चि मतानासन

:37
15
Jānu-Śīrṣāsana (ka, kha, ga)
Postura rodilla-cabeza (a, b, c)
जानुशीर्षासन (क ख ग)

:47 Marīcyāsana (ka, kha, ga, gha)

16 Postura de Marīci (hijo de Brahma) (a, b, c, d)

मरीच्यासन (क ख ग घ)

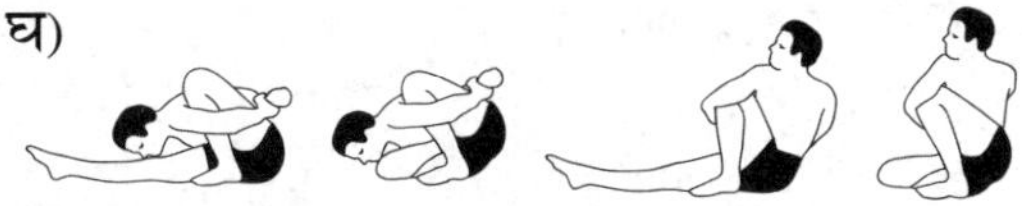

:59 Nāvāsana

17 Postura del barco

नावासन

1:03 Bhuja-Pīḍāsana

18 Postura de presión-brazo

भुजपीडासन

1:09 Kūrmāsana

19 Postura de la tortuga

कूर्मासन

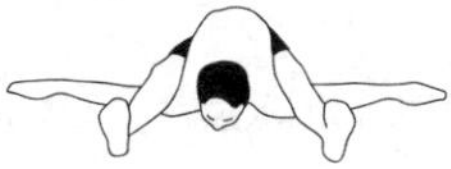

1:13 Supta-Kūrmāsana

20 Postura de la tortuga tendida

सुप्तकूर्मासन

1:17 Garbha-Piṇḍāsana

21 Postura vientre-bola (el embrión)

गर्भपिण्डासन

1:22 Kukkuṭāsana

22 Postura del gallo

कुक्कुटासन

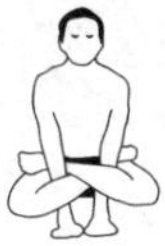

1:26 Baddha-Koṇāsana

23 Postura ángulo-asido

बद्धकोणासन

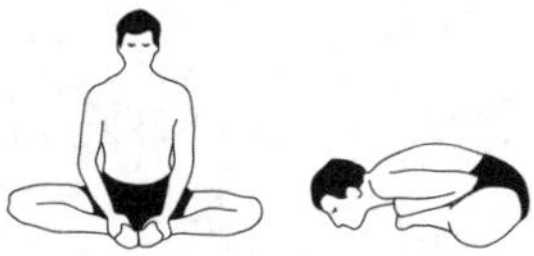

Posturas sentadas (continuación)

1:32 Upaviṣṭa-Koṇāsana

24 Postura sentada-ángulo

उपविष्टकोणासन

1:37 Supta-Koṇāsana

25 Postura tendida-ángulo

सुPकोणासन

1:42 Supta-Pādāṅguṣṭhāsana

26 Postura tendida-dedo gordo del pie

सुPपादाङ्गुष्ठासन

1:48 Ubhaya-Pādāṅguṣṭhāsana

27 Postura ambos pies-dedo gordo del pie

उभयपादाङ्गुष्ठासन

1:56 Ūrdhva-Mukha-Paścimottānāsana

28 Postura hacia arriba estiramiento-atrás

ऊर्ध्वमुखपश्चिमोत्तानासन

2:03 Setu-Bandhāsana

29 Postura de construir el puente

सेतुबन्धासन

Posturas de terminación

DISCO 2, PISTA 6

Para localizar posturas individuales, utilizar indicación de minuto y segundo.

Las tres series del Aṣṭāṅga terminan con estas posturas.

El asterisco * indica una postura de transición que no se nombra expresamente en la secuencia tradicional. La mayoría no llevan número.

:02 Ūrdhva-Dhanurāsana *
Postura del arco hacia arriba
ऊर्ध्वधनुरासन

:07 Paścimatānāsana *
Postura de estiramiento de espalda
पश्चिमतानासन

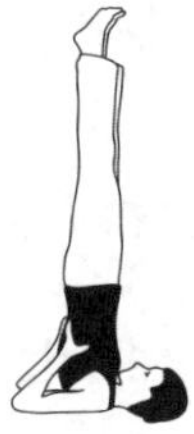

:12 Sarvāṅgāsana
30 Postura de la vela
सर्वाङ्गासन

:17 Halāsana
31 Postura del arado
हलासन

:20 Karṇa-Pīḍāsana
32 Postura de presión-oídos
कर्णपीडासन

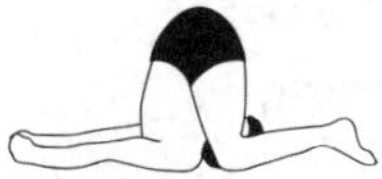

:25 Ūrdhva-Padmāsana
33 Postura del loto hacia arriba
ऊर्ध्वपद्मासन

:30 Piṇḍāsana
34 Postura de la bola
पिण्डासन

Posturas de terminación (continuación)

:34
35
Matsyāsana
Postura del pez
मत्स्यासन

:38
36
Uttāna-Pādāsana
Postura de estiramiento de piernas
उत्तानपादासन

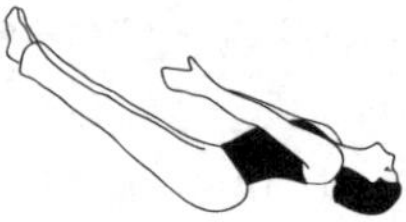

:43
Cakrāsana *
Postura de la rueda
चक्रासन

:47
37
Śīrṣāsana
Postura de la cabeza
शीर्षासन

:51
38
Baddha-Padmāsana
Postura del loto asido
बद्धपद्मासन

:56
Yoga-Mudrā (part of Baddha-Padmāsana)
Sello yoga
योगमुद्रा

1:00
39
Padmāsana
Postura del loto
पद्मासन

1:04
40
Utplutiḥ
Flotación hacia arriba
उत्प्लुतिः

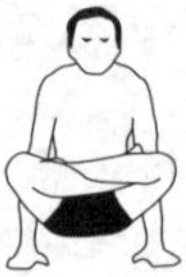

Prathamo bhāgaḥ samāptaḥ
Fin de la primera parte
प्रथमो भागः समाप्तः

Sumario de la Primera Serie del Aṣṭāṅga

SEGUNDA SERIE DEL AṢṬAṄGA

Nāḍī-Śodhana
Purificación de los canales
नाडीशोधन

DISCO 2, PISTA 7
Para localizar posturas individuales, utilizar indicación de minuto y segundo.

Precedida de Saludos al Sol y Posturas de pie (páginas 46 a 49).

:12
1 Pāśāsana
Postura del nudo
पाशासन

:15
2 Krauñcāsana
Postura de la garza
क्रौञ्चासन

:20
3 Śalabhāsana
Postura de la langosta
शलभासन

:23
4 Bhekāsana
Postura de la rana
भेकासन

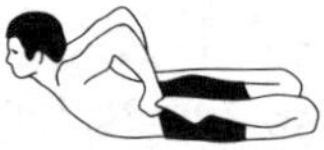

:27
5 Dhanurāsana
Postura del arco
धनुरासन

:31
6 Pārśva-Dhanurāsana
Postura del arco lateral
पार्श्वधनुरासन

:36
7
Uṣṭrāsana
Postura del camello
उष्ट्र ासन

:40
8
Laghu-Vajrāsana
Postura ligera del rayo
लघुवज्र ासन

:44
9
Kapotāsana
Postura de la paloma
कपोतासन

:49
10
Supta-Vajrāsana
Postura tendida del rayo
सुप्तवज्र ासन

:53
11
Bakāsana (ka, kha)
Postura de la grulla (a, b)
बकासन (क ख)
A, b entered differently but end the same

1:00
12
Bharadvājāsana
Postura de Vharadvaja
भरद्वाजासन

1:05
13
Ardha-Matsyendrāsana
Postura media del señor de los peces
अर्धमत्स्येन्द्र ासन

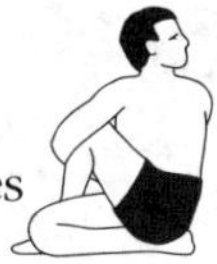

1:11
14
Eka-Pāda-Śīrṣāsana
Postura una pierna-cabeza
एकपादशीर्षासन

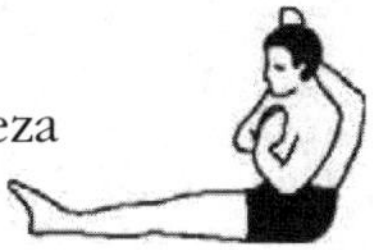

Segunda serie del Aṣṭāṅga (continuación)

1:17 **15** Dvi-Pāda-Śīrṣāsana
Postura dos piernas-cabeza
द्विपादशीर्षासन

1:23 **16** Yoga-Nidrāsana
Postura del sueño yoga
योगनिद्रासन

1:28 **17** Tittibhāsana
Postura de la luciérnaga
तित्तिभासन

1:33 **18** Pīñca-Mayūrāsana
Postura de la pluma de pavo real
पीञ्चमयूरासन

1:38 **19** Kāraṇḍavāsana
Postura del ganso del Himalaya
कारण्डवासन

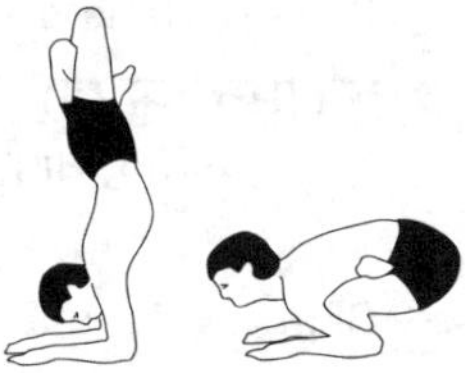

1:43 **20** Mayūrāsana
Postura del pavo real
मयूरासन

1:48 **21** Nakrāsana
Postura del cocodrilo
नक्रासन

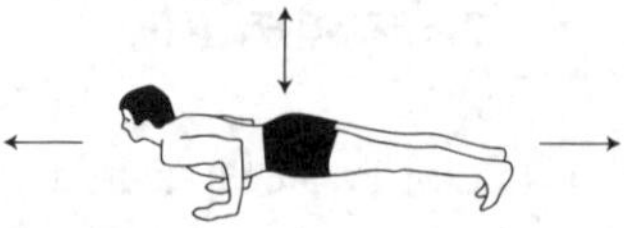

1:52 | Vātāyanāsana

22 Postura del caballo

वातायनासन

1:57 | Parighāsana

23 Postura del pestillo

परिघासन

2:02 | Gomukhāsana

24 Postura de cara de vaca

गोमुखासन

2:06 | Supta Ūrdhva-Pāda-Vajrāsana

25 Postura del rayo tendida pierna hacia arriba

सुप्त ऊर्ध्वपादवज्र ासन

2:15 | Mukta-Hasta-Śīrṣāsana

26 Postura de cabeza manos libres

मुक्तहस्तशीर्षासन

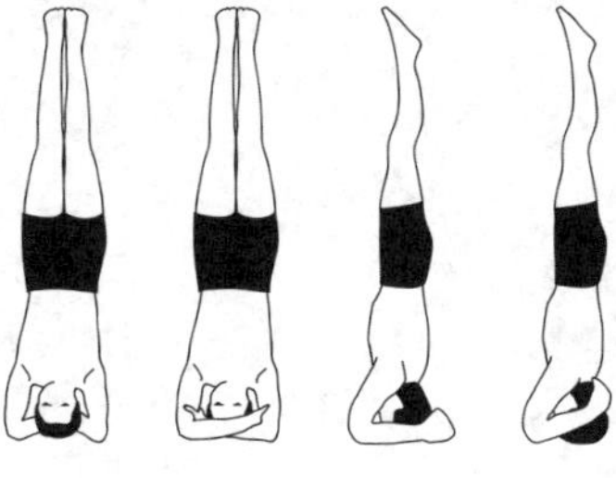

2:22 | Baddha-Hasta-Śīrṣāsana

27 Postura de cabeza manos unidas

बद्धहस्तशीर्षासन

Termina con Posturas de terminación (páginas 53, 54).

Dvitīyo bhāgaḥ samāptaḥ
Fin de la segunda parte
द्वितीयो भागः समाप्तः

Sumario de la Segunda Serie del Aṣṭāṅga

Saludos al Sol y Posturas de pie, como en la Primera Serie (páginas 46 a 49).

		PÁGINA			PÁGINA
1	Pāśāsana	56	15	Dvi-Pāda-Śīrṣāsana	58
2	Krauñcāsana	56	16	Yoga-Nidrāsana	58
3	Śalabhāsana	56	17	Tittibhāsana	58
4	Bhekāsana	56	18	Pīñca-Mayūrāsana	58
5	Dhanurāsana	56	19	Kāraṇḍavāsana	58
6	Pārśva-Dhanurāsana	56	20	Mayūrāsana	58
7	Uṣṭrāsana	57	21	Nakrāsana	58
8	Laghu-Vajrāsana	57	22	Vātāyanāsana	59
9	Kapotāsana	57	23	Parighāsana	59
10	Supta-Vajrāsana	57	24	Gomukhāsana	59
11	Bakāsana (ka, kha)	57	25	Supta Ūrdhva-Pāda-Vajrāsana	59
12	Bharadvājāsana	57	26	Mukta-Hasta-Śīrṣāsana	59
13	Ardha-Matsyendrāsana	57	27	Baddha-Hasta-Śīrṣāsana	59
14	Eka-Pāda-Śīrṣāsana	57			

Posturas de terminación, como en la Primera Serie (páginas 53, 54).

TERCERA SERIE DEL AṢṬĀṄGA

Sthira-Bhāgaḥ
Parte de la tranquilidad
स्थिरभागः

DISCO 2, PISTA 8
Para localizar posturas individuales, utilizar indicación de minuto y segundo.

Precedida de Saludos al Sol y Posturas de pie (páginas 46 a 49).

:10
1 Viśvāmitrāsana
Postura de Visvamitra
विश्वामित्रासन

:15
2 Vasiṣṭhāsana
Postura de Vasistha
वसिष्ठासन

:20
3 Kaśyapāsana
Postura de Kasyapa
कश्यपासन

:24
4 Cakorāsana
Postura de la perdiz
चकोरासन

:30
5 Bhairavāsana
Postura terrible
भैरवासन

:35
6 Skandāsana
Postura de Skanda
स्कन्दासन

Tercera serie del Aṣṭāṅga
(continuación)

:39 Dūrvāsāsana
7 Postura de Durvasa
दूर्वासासन

:44 Ūrdhva-Kukkuṭāsana (ka, kha, ga)
8 Postura del gallo hacia arriba (a, b, c)
ऊर्ध्वकुक्कुटासन (क ख ग)
a, b, c, entrada distinta pero final igual

:54 Gālavāsana
9 Postura de Galava
गालवासन

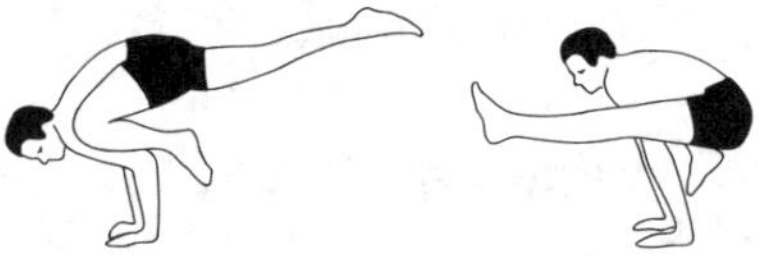

:59 Eka-Pāda-Bakāsana (ka, kha)
10 Postura de la grulla una pierna
एकपादबकासन (क ख)

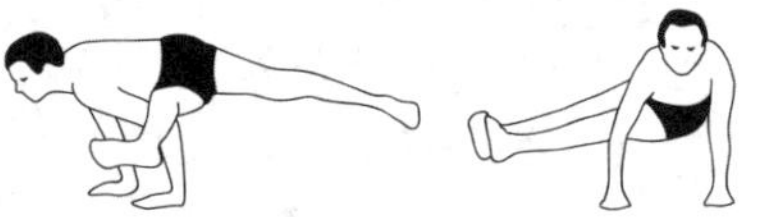

1:08 Kauṇḍinyāsana (ka, kha)
11 Postura de Kaundinya (a, b)
कौण्डिन्यासन (क ख)

1:16 Aṣṭāvakrāsana (ka, kha)
12 Postura de Astavakra (a, b)
अष्टावक्रासन (क ख)
a, b, entrada distinta pero final igual

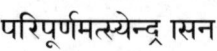

1:25 Paripūrṇa-Matsyendrāsana
13 Postura entera del señor de los peces
परिपूर्णमत्स्येन्द्र ासन

1:33 | Virañcyāsana (ka, kha)

14 Postura de Virañci (a, b)

विरञ्च्यासन (क ख)

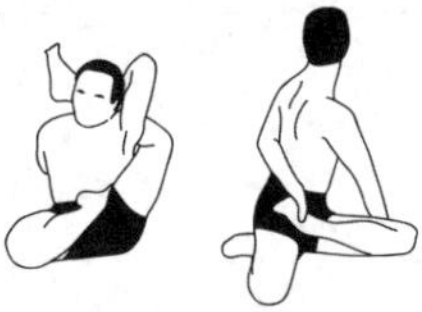

1:40 | Viparīta-Daṇḍāsana

15 Postura invertida del bastón

विपरीतदण्डासन

1:47 | Eka-Pāda-Viparīta-Daṇḍāsana

16 Postura invertida del bastón una pierna

एकपादविपरीतदण्डासन

1:55 | Viparīta-Śalabhāsana

17 Postura de la langosta invertida

विपरीतशलभासन

2:02 | Hanumānāsana

18 Postura de Hanuman

हनुमानासन

2:08 | Supta-Trivikramāsana

19 Postura tendida de tres pasos

सुप्तत्रिविक्रमासन

2:15 | Digāsana

20 Postura de la dirección

दिगासन

Tercera serie del Aṣṭāṅga (continuación)

2:19 Trivikramāsana

21 Postura de tres pasos

त्रिविक्रमासन

2:24 Naṭarājāsana

22 Postura del señor de la danza

नटराजासन

2:29 Rāja-Kapotāsana

23 Postura del rey de las palomas

राजकपोतासन

2:34 Eka-Pāda-Rāja-Kapotāsana

24 Postura del rey de las palomas una pierna

एकपादराजकपोतासन

Termina con Posturas de terminación (páginas 53, 54).

Dvitīyo bhāgaḥ samāptaḥ
Fin de la tercera parte
द्वितीयो भागः समाप्तः

Sumario de la Tercera Serie del Aṣṭāṅga

Saludos al Sol y Posturas de pie, como en la Primera Serie (páginas 46 a 49).

Posturas de terminación, como en la Primera Serie (páginas 53, 54).

NOMBRES DE LOS ĀSANAS

Una lista completa de los nombres de los asanas, por orden alfabético y agrupados por su primera letra.

Cada nombre se pronuncia dos veces, una vez al principio y otra al final, con un silencio para que puedas repetirlo. Entre y una otra, se pronuncia cada parte del nombre una vez, con un silencio para repetirlo.

Aquí se presentan todos los nombres de los asanas, aunque no se muestran todas las variaciones por las limitaciones de tiempo en el CD. Para cada asana se presenta aquí la siguiente información:

ESQUINA SUPERIOR IZQUIERDA: MINUTO Y SEGUNDO EN EL CD

Te permite localizar el nombre del āsana dentro de cada pista en el CD. Busca la pista y pulsa el avance rápido de tu aparato reproductor hasta llegar al minuto y segundo indicado.

LÍNEA 1: TRANSCRIPCIÓN COMPLETA

Esta es la transcripción completa del nombre del āsana en letras latinas, con diacríticos. Consulta la Clave de pronunciación del sánscrito al final del libro para comprender la pronunciación de las letras.

LÍNEA 2: TRANSCRIPCIÓN SEPARADA

Separación de cada una de las palabras que componen el nombre compuesto del āsana.

LÍNEA 3: TRADUCCIÓN LITERAL

Traducción literal al castellano del nombre del āsana.

LÍNEA 4: SÁNSCRITO SEPARADO

Texto de la línea 2 en el alfabeto sánscrito.

LÍNEA 5: SÁNSCRITO COMPLETO

Texto de la línea 1 en el alfabeto sánscrito. Así se escribiría el nombre del āsana en sánscrito.

LADO DERECHO

Dibujo esquemático del āsana, con variaciones en algunos casos.

NOTA: Tanto āsana como pīṭham significan «postura».

A

DISCO 2, PISTA 9

Para localizar posturas individuales, utilizar indicación de minuto y segundo.

:03 Adho-Mukha-Matsyāsana
Adho - mukha - matsya - āsana
Hacia abajo - cara - pez - postura
अधो - मुख - मत्स्य - आसन
अधोमुखमत्स्यासन

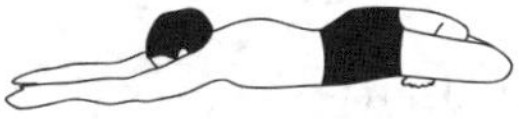

:24 Adho-Mukha-Śvānāsana
Adho - mukha - śvāna - āsana
Hacia abajo - cara - perro - postura
अधो - मुख - श्वान - आसन
अधोमुखश्वानासन

:45 Adho-Mukha-Vṛkṣāsana
Adho - mukha - vṛkṣa - āsana
Hacia abajo - cara - árbol - postura
अधो - मुख - वृक्ष - आसन
अधोमुखवृक्षासन

1:05 Ākarṇa-Dhanurāsana
Ā - karṇa - dhanur - āsana
Hacia - oído - arco - postura
आ - कर्ण - धनुर् - आसन
आकर्णधनुरासन

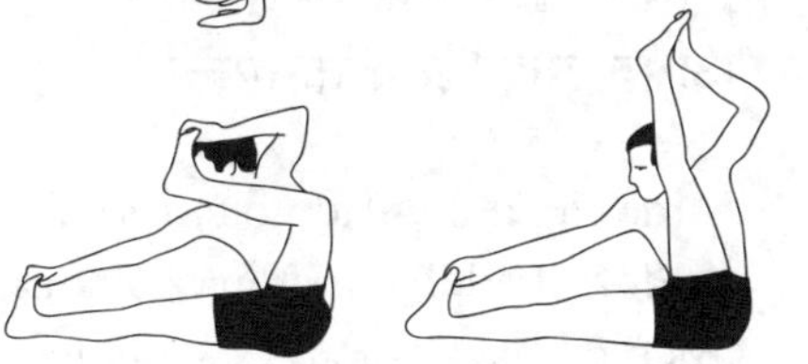

A (continuación)

1:25 Ākuñcanāsana
Ākuñcana - āsana
Plegado - postura
आकुञ्चन - आसन
आकुञ्च नासन

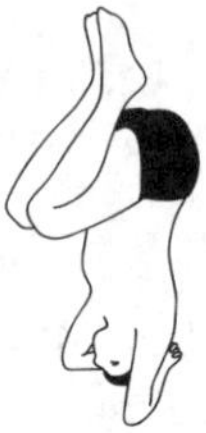

1:41 Anantāsana
Ananta - āsana
Interminable (lecho de Visnu) - postura
अनन्त - आसन
अनन्तासन

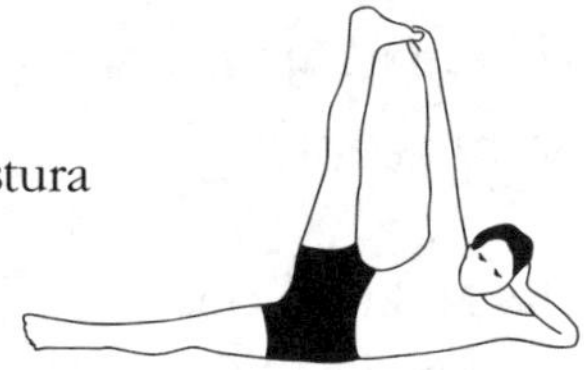

2:10 Apānāsana
Apāna - āsana
Aire hacia abajo / respiración abdominal - postura
अपान - आसन
अपानासन

2:10 Ardha-Baddha-Padma-Paścimottānāsana
Ardha - baddha - padma - paścima - uttāna - āsana
Medio - asido - loto - atrás - estiramiento - postura
अर्ध - बद्ध - पद्म - पश्चिम - उत्तान - आसन
अर्धबद्धपद्मपश्चि मोत्तानासन

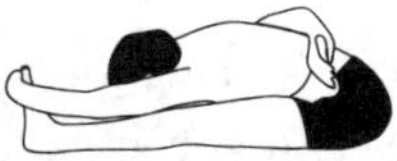

2:42 Ardha-Baddha-Padmottānāsana
Ardha - baddha - padma - uttāna - āsana
Medio - asido - loto - estiramiento - postura
अर्ध - बद्ध - पद्म - उत्तान - आसन
अर्धबद्धपद्मोत्तानासन

3:04 Ardha-Candrāsana
Ardha - candra - āsana
Media - luna - postura
अर्ध - चन्द्र - आसन
अर्धचन्द्र ासन

3:20 Ardha-Matsyendrāsana
Ardha - matsya - Indra - āsana
Medio - pez - señor - postura
अर्ध - मत्स्य - इन्द्र - आसन
अर्धमत्स्येन्द्र ासन

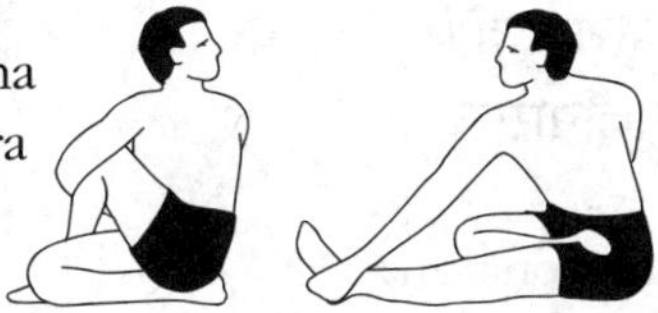

3:39 Ardha-Nāvāsana
Ardha - nāva - āsana
Medio - barco - postura
अर्ध - नाव - आसन
अर्धनावासन

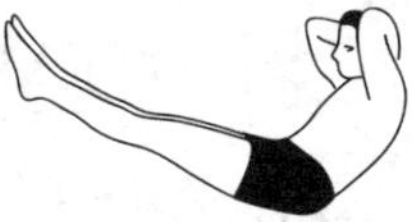

3:54 Ardha-Śalabhāsana
Ardha - śalabha - āsana
Media - langosta - postura
अर्ध - शलभ - आसन
अर्धशलभासन

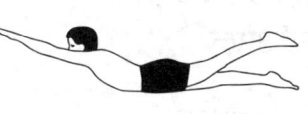

4:09 Aṣṭāvakrāsana
Aṣṭāvakra - āsana
(Nombre del sabio Aṣṭāvakra) - postura
अष्टावक्र - आसन
अष्टावक्रासन

B

DISCO 2, PISTA 10

Para localizar posturas individuales, utilizar indicación de minuto y segundo.

:03 Baddha-Hasta-Śīrṣāsana
Baddha - hasta - śīrṣa - āsana
Asida - mano - cabeza - postura
बद्ध - हस्त - शीर्ष - आसन
बद्धहस्तशीर्षासन

:21 Baddha-Koṇāsana
Baddha - koṇa - āsana
Asido - ángulo - postura
बद्ध - कोण - आसन
बद्धकोणासन

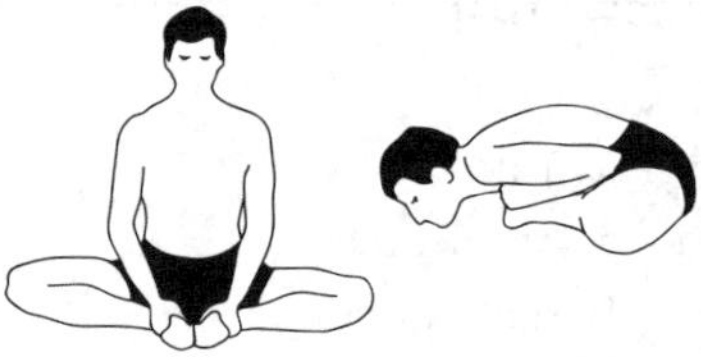

:36 Baddha-Koṇa-Śīrṣāsana
Baddha - koṇa - śīrṣa - āsana
Asido - ángulo - cabeza - postura
बद्ध - कोण - शीर्ष - आसन
बद्धकोणशीर्षासन

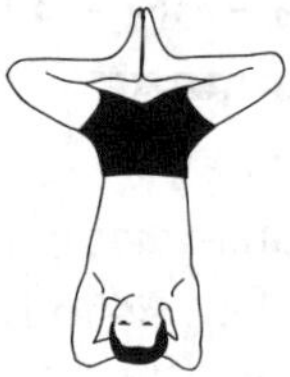

:56 Baddha-Padmāsana
Baddha - padma - āsana
Asido - loto - postura
बद्ध - पद्म - आसन
बद्धपद्मासन

1:10 Bakāsana
Baka - āsana
Grulla - postura
बक - आसन
बकासन

1:20 Bālāsana
Bāla - āsana
Niño - postura
बाल - आसन
बालासन

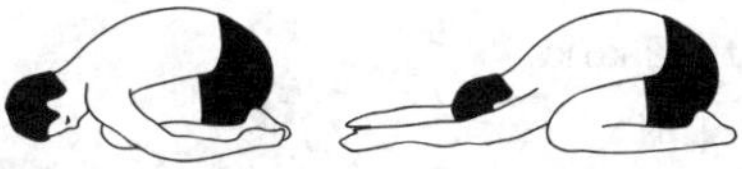

1:32 Bhairavāsana
Bhairava - āsana
Terrible - postura
भैरव - आसन
भैरवासन

1:45 Bharadvājāsana
Bharadvāja - āsana
(Nombre del sabio Bharadvāja) - postura
भरद्वाज - आसन
भरद्वाजासन

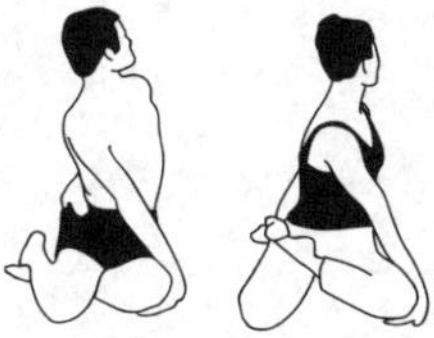

1:59 Bhekāsana
Bheka - āsana
Rana - postura
भेक - आसन
भेकासन

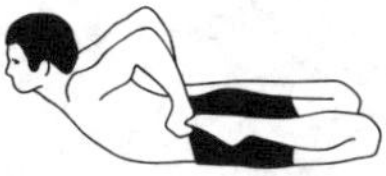

B (continuación)

2:10 Bhujaṅgāsana
Bhujaṅga - āsana
Serpiente - postura
भुजङ्ग - आसन
भुजङ्गासन

2:23 Bhuja-Pīḍāsana
Bhuja - pīḍa - āsana
Brazo - presión - postura
भुज - पीड - आसन
भुजपीडासन

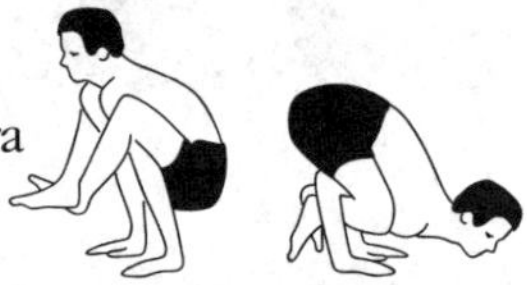

2:39 Buddhāsana
Buddha - āsana
Despierto - postura
बुद्ध - आसन
बुद्धासन

C

DISCO 2, PISTA 11

Para localizar posturas individuales, utilizar indicación de minuto y segundo.

:03 Cakorāsana
Cakora - āsana
Perdiz - postura
चकोर - आसन
चकोरासन

:13 Cakra-Bandhāsana
Cakra - bandha - āsana
Rueda - atadura - postura
चक्र - बन्ध - आसन
चक्रबन्धासन

:30 Cakrāsana
Cakra - āsana
Rueda - postura
चक्र - आसन
चक्रासन

:42 Cakravākāsana
Cakravēka - āsana
Ganso rojo - postura
चक्रवाक - आसन
चक्रवाकासन

C (continuación)

:58 Caturaṅga-Daṇḍāsana

Catur - aṅga - daṇḍa - āsana

Cuatro - extremidades - bastón - postura

चतुर् - अङ्ग - दण्ड - आसन

चतुरङ्गदण्डासन

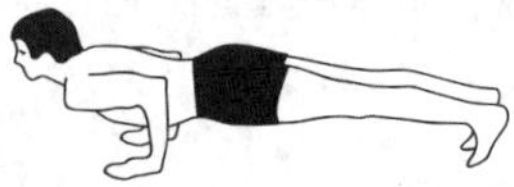

1:16 Catuṣ-Pāda-Pīṭham

Catuṣ - pāda - pīṭham

Cuatro - patas - postura

चतुष् - पाद - पीठम्

चतुष्पादपीठम्

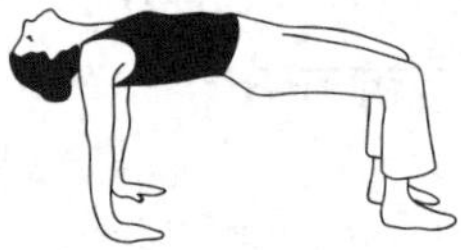

D

DISCO 2, PISTA 12

Para localizar posturas individuales, utilizar indicación de minuto y segundo.

:03 Daṇḍāsana
Daṇḍa - āsana
Bastón - postura
दण्ड - आसन
दण्डासन

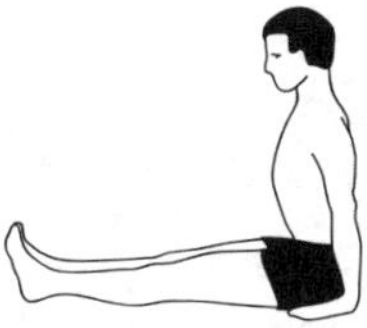

:12 Dhanurāsana
Dhanur - āsana
Arco - postura
धनुर् - आसन
धनुरासन

:24 Digāsana
Dig - āsana
Dirección - postura
दिग् - आसन
दिगासन

:35 Dūrvāsāsana
Dūrvāsa - āsana
(Nombre del sabio Dūrvāsa) - postura
दूर्वास - आसन
दूर्वासासन

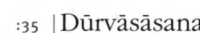

D (continuación)

:48 Dvihasta-Bhujāsana
Dvi - hasta - bhuja - āsana
Dos - mano - brazo - postura
द्वि - हस्त - भुज - आसन
द्विहस्तभुजासन

1:07 Dvipāda-Kauṇḍinyāsana
Dvi - pāda - Kauṇḍinya - āsana
Dos - pierna - (nombre del sabio Kauṇḍinya) - postura
द्वि - पाद् - कौण्डिन्य - आसन
द्विपादकौण्डिन्यासन

1:29 Dvipāda-Pīṭham
Dvi - pāda - pīṭham
Dos - pierna - postura
द्वि - पाद् - पीठम्
द्विपादपीठम्

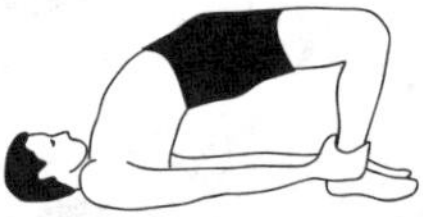

1:46 Dvipāda-Śīrṣāsana
Dvi - pāda - śīrṣa - āsana
Dos - pierna - cabeza - postura
द्वि - पाद् - शीर्ष - आसन
द्विपादशीर्षासन

2:05 Dvipāda-Viparīta-Daṇḍāsana
Dvi - pāda - viparīta - daṇḍa - āsana
Dos - pierna - invertido - bastón - postura
द्वि - पाद् - विपरीत - दण्ड - आसन
द्विपादविपरीतदण्डासन

E

DISCO 2, PISTA 13

Para localizar posturas individuales, utilizar indicación de minuto y segundo.

:03 Ekahasta-Bhujāsana
Eka - hasta - bhuja - āsana
Una - mano - brazo - postura
एक - हस्त - भुज - आसन
एकहस्तभुजासन

:19 Ekapāda-Bakāsana
Eka - pāda - baka - āsana
Una - pierna - grulla - postura
एक - पाद् - बक - आसन
एकपाद्बकासन

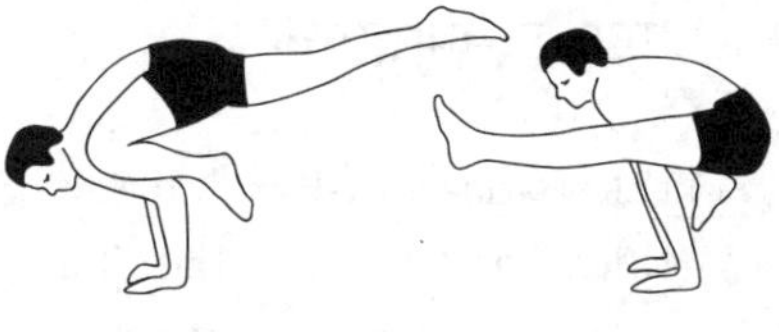

:39 Ekapāda-Gālavāsana
Eka - pāda - Gālava - āsana
Una - pierna - (nombre del sabio Gālava) - postura
एक - पाद् - गालव - आसन
एकपाद्गालवासन

:59 Ekapāda-Kauṇḍinyāsana
Eka - pāda - Kauṇḍinya - āsana
Una - pierna - (nombre del sabio Kauṇḍinya) - postura
एक - पाद् - कौण्डिन्य - आसन
एकपाद्कौण्डिन्यासन

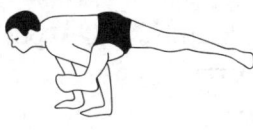

E (continuación)

1:21 Ekapāda-Rāja-Kapotāsana

Eka - pāda - rāja - kapota - āsana

Una - pierna - rey - paloma - postura

एक - पाद् - राज - कपोत - आसन

एकपादराजकपोतासन

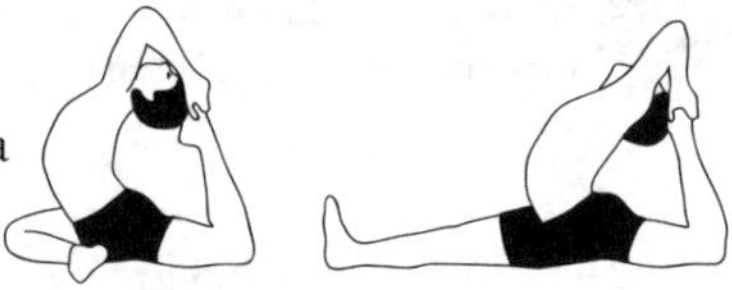

1:44 Ekapāda-Sarvāṅgāsana

Eka - pāda - sarva - aṅga - āsana

Una - pierna - toda - extremidad - postura

एक - पाद् - सर्व - अङ्ग - आसन

एकपादसर्वाङ्गासन

2:09 Ekapāda-Setu-Bandha-Sarvāṅgāsana

Eka - pāda - setu - bandha - sarva - aṅga - āsana

Una - pierna - puente - atadura - toda - extremidad - postura

एक - पाद् - सेतु - बन्ध - सर्व - अङ्ग - आसन

एकपादसेतुबन्धसर्वाङ्गासन

2:40 Ekapāda-Śīrṣāsana

Eka - pāda - śīrṣa - āsana

Una - pierna - cabeza - postura

एक - पाद् - शीर्ष - आसन

एकपादशीर्षासन

3:01 Ekapāda Ūrdhva-Dhanurāsana

Eka - pāda ūrdhva - dhanur - āsana

Una - pierna - hacia arriba - arco - postura

एक - पाद् ऊर्ध्व - धनुर् - आसन

एकपाद् ऊर्ध्वधनुरासन

3:25 Ekapāda-Viparīta-Daṇḍāsana

Eka - pāda - viparīta - daṇḍa - āsana

Una - pierna - invertido - bastón - postura

एक - पाद् - विपरीत - दण्ड - आसन

एकपाद्विपरीतदण्डासन

G

DISCO 2, PISTA 14

Para localizar posturas individuales, utilizar indicación de minuto y segundo.

:03 Gālavāsana
Gālava - āsana
(Nombre del sabio Gālava) - postura
गालव - आसन
गालवासन

:11 Gaṇḍa-Bheruṇḍāsana
Gaṇḍa - bheruṇḍa - āsana
Lado de la cara - terrible - postura
गण्ड - भेरुण्ड - आसन
गण्डभेरुण्डासन

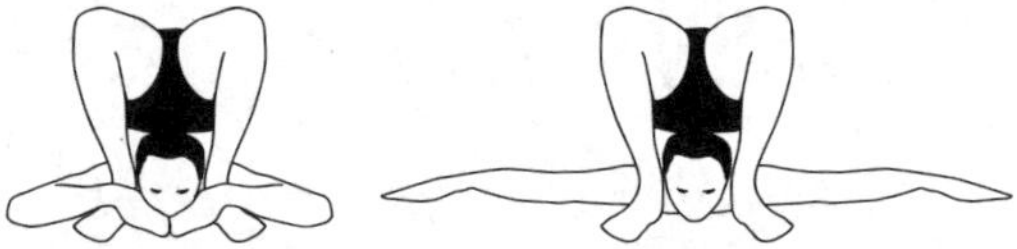

:31 Garbha-Piṇḍāsana
Garbha - piṇḍa - āsana
Vientre - bola - postura
गर्भ - पिण्ड - आसन
गर्भपिण्डासन

:47 Garuḍāsana
Garuḍa - āsana
Águila - postura
गरुड - आसन
गरुडासन

:59 Gheraṇḍāsana
Gheraṇḍa - āsana
(Nombre del sabio Gheraṇḍa) - postura
घेरण्ड - आसन
घेरण्डासन

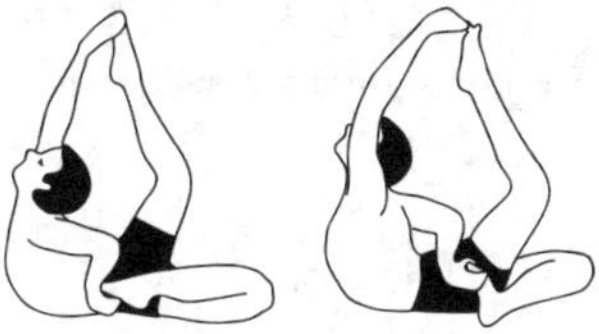

1:11 Godhāpīṭham
Godhā - pīṭham
Lagarto - postura
गोधा - पीठम्
गोधापीठम्

1:25 Go-Mukhāsana
Go - mukha - āsana
Vaca - cara - postura
गो - मुख - आसन
गोमुखासन

1:39 Gorakṣāsana
Gorakṣa - āsana
Vaquero - postura
गोरक्ष - आसन
गोरक्षासन

H

DISCO 2, PISTA 15

Para localizar posturas individuales, utilizar indicación de minuto y segundo.

:03 Halāsana

Hala - āsana

Arado - postura

हल - आसन

हलासन

:11 Haṃsāsana

Haṃsa - āsana

Cisne - postura

हंस - आसन

हंसासन

:23 Hanumānāsana

Hanumān - āsana

(Nombre del dios mono Hanumān) - postura

हनुमान् - आसन

हनुमानासन

J

DISCO 2, PISTA 16

Para localizar posturas individuales, utilizar indicación de minuto y segundo.

:03 Jānu-Śīrṣāsana

Jānu - śīrṣa - āsana

Rodilla - cabeza - postura

जानु - शीर्ष - आसन

जानुशीर्षासन

:18 Jaṭhara-Parivartanāsana

Jaṭhara - parivartana - āsana

Estómago - girando - postura

जठर - परिवर्तन - आसन

जठरपरिवर्तनासन

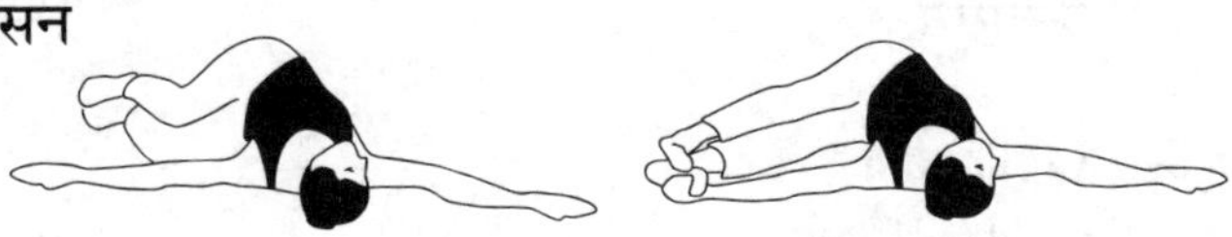

K

DISCO 2, PISTA 17
Para localizar posturas individuales, utilizar indicación de minuto y segundo.

:03 Kālabhairavāsana
Kālabhairava - āsana
(Nombre de Śiva) - postura
कालभैरव - आसन
कालभैरवासन

:16 Kandāsana
Kanda - āsana
Nudo - postura
कन्द् - आसन
कन्दासन

:27 Kapilāsana
Kapila - āsana
(Nombre del sabio Kapila) - postura
कपिल - आसन
कपिलासन

:38 Kapiñjalāsana
Kapiñjala - āsana
Ave que se alimenta de gotas de lluvia - postura
कपिञ्जल - आसन
कपिञ्जलासन

:51 Kapotāsana
Kapota - āsana
Paloma - postura
कपोत - आसन
कपोतासन

1:03 Kāraṇḍavāsana
Kāraṇḍava - āsana
Ganso del Himalaya - postura
कारण्डव - आसन
कारण्डवासन

1:18 Karṇapīḍāsana
Karṇa - pīḍa - āsana
Oído - presión - postura
कर्ण - पीड - आसन
कर्णपीडासन

1:34 Kaśyapāsana
Kaśyapa - āsana
(Nombre del sabio Kaśyapa) - postura
कश्यप - आसन
कश्यपासन

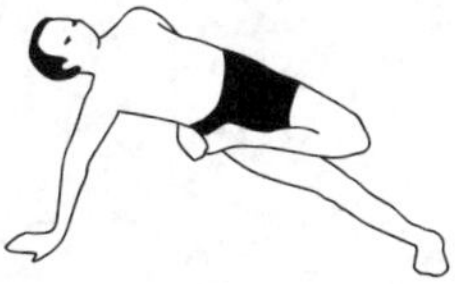

1:45 Krauñcāsana
Krauñca - āsana
Garza - postura
क्रौञ्च - आसन
क्रौञ्च ासन

K (continuación)

1:51 Kukkuṭāsana
Kukkuṭa - āsana
Gallo - postura
कुक्कुट - आसन
कुक्कुटासन

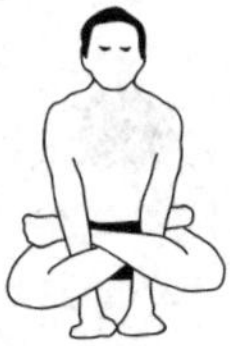

2:09 Kūrmāsana
Kūrma - āsana
Tortuga - postura
कूर्म - आसन
कूर्मासन

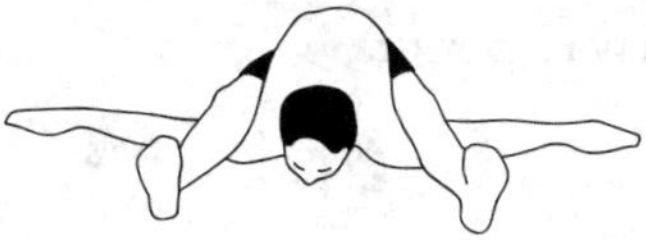

L

DISCO 2, PISTA 18

Para localizar posturas individuales, utilizar indicación de minuto y segundo.

:03 Laghu-Vajrāsana

Laghu - vajra - āsana

Ligero - rayo - postura

लघु - वज्र - आसन

लघुवज्र ासन

:18 Lolāsana

Lola - āsana

Balanceante - postura

लोल - आसन

लोलासन

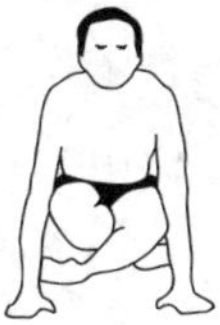

M

DISCO 2, PISTA 19

Para localizar posturas individuales, utilizar indicación de minuto y segundo.

:03 Mahāmudrā
Mahā - mudrā
Gran - sello
महा - मुद्रा
महामुद्रा

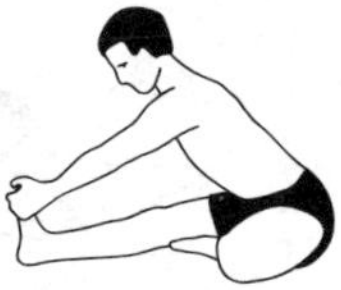

:15 Makarāsana
Makara - āsana
Animal marino - postura
मकर - आसन
मकरासन

:30 Mālāsana
Mālā - āsana
Guirnalda - postura
माला - आसन
मालासन

:42 Maṇḍalāsana
Maṇḍala - āsana
Círculo - postura
मण्डल - आसन
मण्डलासन

:54 Marīcyāsana
Marīci - āsana
(Nombre del sabio Marīci) - postura
मरीचि - आसन
मरीच्यासन

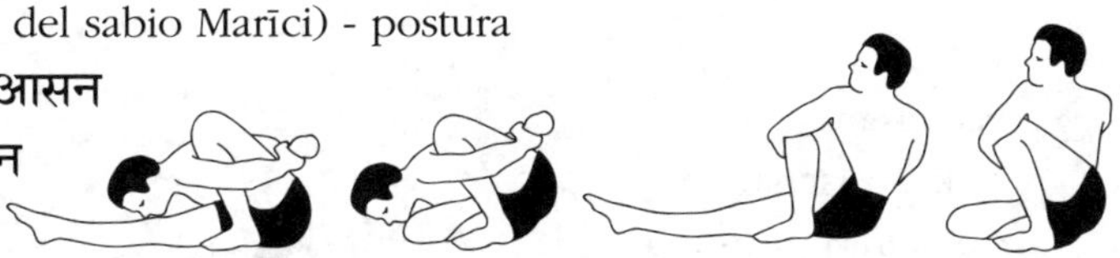

1:06 Matsyāsana
Matsya - āsana
Pez - postura
मत्स्य - आसन
मत्स्यासन

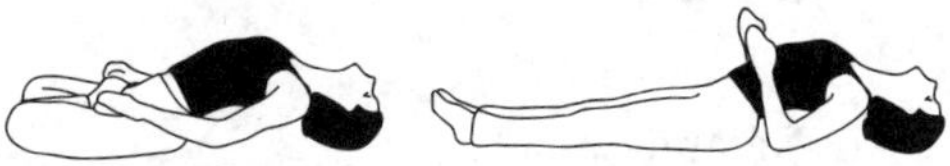

en Padmāsana

1:17 Mayūrāsana
Mayūra - āsana
Pavo real - postura
मयूर - आसन
मयूरासन

1:29 Mukta-Hasta-Śīrṣāsana
Mukta - hasta - śīrṣa - āsana
Libre - mano - cabeza - postura
मुक्त - हस्त - शीर्ष - आसन
मुक्तहस्तशीर्षासन

1:49 Mūlabandhāsana
Mūla - bandha - āsana
Raíz - atadura - postura
मूल - बन्ध - आसन
मूलबन्धासन

N

DISCO 2, PISTA 20

Para localizar posturas individuales, utilizar indicación de minuto y segundo.

:03 Nakrāsana
Nakra - āsana
Cocodrilo - postura
नक्र - आसन
नक्रासन

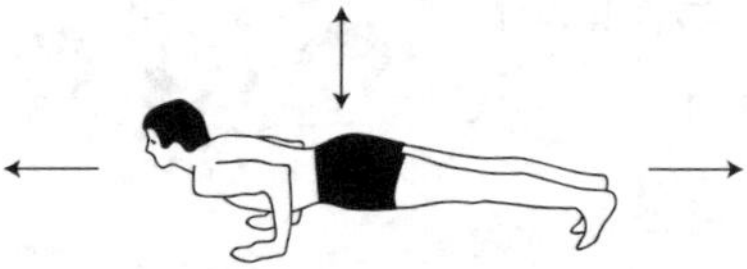

:13 Naṭarājāsana
Naṭarāja - āsana
Señor de la danza (nombre de Śiva) - postura
नटराज - आसन
नटराजासन

:27 Nirālamba-Sarvāṅgāsana
Nir - ālamba - sarva - aṅga - āsana
Sin - apoyo - toda - extremidad - postura
निर् - आलम्ब - सर्व - अङ्ग - आसन
निरालम्बसर्वाङ्गासन

P

DISCO 2, PISTA 21
Para localizar posturas individuales, utilizar indicación de minuto y segundo.

:03 Pāda-Hastāsana
Pāda - hasta - āsana
Pie - mano - postura
पाद् - हस्त - आसन
पादहस्तासन

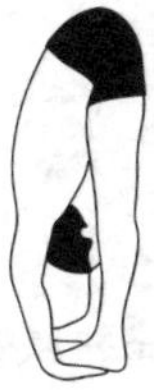

:16 Pādāṅguṣṭha-Dhanurāsana
Pādāṅguṣṭha - dhanur - āsana
Dedo gordo del pie - arco - postura
पादाङ्गुष्ठ - धनुर् - आसन
पादाङ्गुष्ठधनुरासन

:36 Pādāṅguṣṭhāsana
Pādāṅguṣṭha - āsana
Dedo gordo del pie - postura
पादाङ्गुष्ठ - आसन
पादाङ्गुष्ठासन

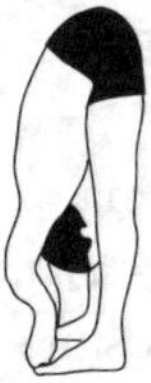

:51 Padma-Mayūrāsana
Padma - mayūra - āsana
Loto - pavo real - postura
पद्म - मयूर - आसन
पद्ममयूरासन

P (continuación)

1:07 Padmāsana
Padma - āsana
Loto - postura
पद्म - आसन
पद्मासन

1:17 Parighāsana
Parigha - āsana
Pestillo (pasador para cerrar una puerta) - postura
परिघ - आसन
परिघासन

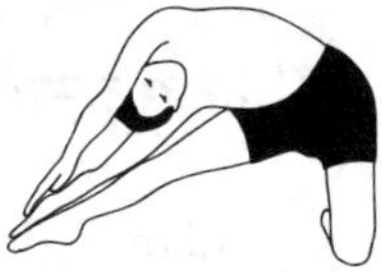

1:30 Paripūrṇa-Matsyendrāsana
Paripūrṇa - matsya - Indra - āsana
Completa - pez - señor - postura
परिपूर्ण - मत्स्य - इन्द्र् - आसन
परिपूर्णमत्स्येन्द्र् ासन

1:51 Paripūrṇa-Nāvāsana
Paripūrṇa - nāva - āsana
Plena - barco - postura
परिपूर्ण - नाव - आसन
परिपूर्णनावासन

2:08 Parivṛtta-Ardha-Candrāsana
Parivṛtta - ardha - candra - āsana
Girado - media - luna - postura
परिवृत्त अर्ध - चन्द्र् - आसन
परिवृत्त अर्धचन्द्र् ासन

P (continuación)

2:30 Parivṛttaikapāda-Śīrṣāsana
Parivṛtta - eka - pāda - śīrṣa - āsana
Girado - una - pierna - cabeza - postura
परिवृत्त - एक - पाद् - शीर्ष - आसन
परिवृत्तैकपादशीर्षासन

2:54 Parivṛtta-Jānu-Śīrṣāsana
Parivṛtta - jānu - śīrṣa - āsana
Girado - rodilla - cabeza - postura
परिवृत्त - जानु - शीर्ष - आसन
परिवृत्तजानुशीर्षासन

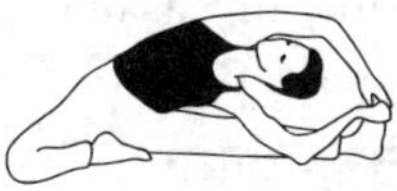

3:16 Parivṛtta-Pārśvakoṇāsana
Parivṛtta - pārśva - koṇa - āsana
Girado - lateral - ángulo - postura
परिवृत्त - पार्श्व - कोण - आसन
परिवृत्तपार्श्वकोणासन

3:36 Parivṛtta-Paścimottānāsana
Parivṛtta - paścima - uttāna - āsana
Girado - atrás - estiramiento - postura
परिवृत्त - पश्चिम - उत्तान - आसन
परिवृत्तपश्चिमोत्तानासन

3:58 Parivṛtta-Trikoṇāsana
Parivṛtta - trikoṇa - āsana
Girado - triángulo - postura
परिवृत्त - त्रिकोण - आसन
परिवृत्तत्रिकोणासन

P (continuación)

4:16 Pārśva-Bakāsana
Pārśva - baka - āsana
Lateral - grulla - postura
पार्श्व - बक - आसन
पार्श्वबकासन

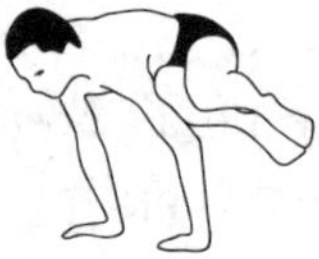

4:31 Pārśva-Dhanurāsana
Pārśva - dhanur - āsana
Lateral - arco - postura
पार्श्व - धनुर् - आसन
पार्श्वधनुरासन

4:47 Pārśva-Halāsana
Pārśva - hala - āsana
Lateral - arado - postura
पार्श्व - हल - आसन
पार्श्वहलासन

5:02 Pārśva-Kukkuṭāsana
Pārśva - kukkuṭa - āsana
Lateral - gallo - postura
पार्श्व - कुक्कुट - आसन
पार्श्वकुक्कुटासन

5:18 Pārśva-Piṇḍāsana
Pārśva - piṇḍa - āsana
Lateral - bola - postura
पार्श्व - पिण्ड - आसन
पार्श्वपिण्डासन

5:33 Pārśva-Sarvāṅgāsana

Pārśva - sarva - aṅga - āsana

Lateral - toda - extremidad - postura

पार्श्व - सर्व - अङ्ग - आसन

पार्श्वसर्वाङ्गासन

5:53 Pārśva-Śīrṣāsana

Pārśva - śīrṣa - āsana

Lateral - cabeza - postura

पार्श्व - शीर्ष - आसन

पार्श्वशीर्षासन

6:11 Pārśva-Upaviṣṭa-Koṇāsana

Pārśva upaviṣṭa- koṇa - āsana

Lateral sentado - ángulo - postura

पार्श्व उपविष्ट - कोण - आसन

पार्श्व उपविष्टकोणासन

6:32 Pārśva-Ūrdhva-Padmāsana

Pārśva ūrdhva - padma - āsana

Lateral hacia arriba - loto - postura

पार्श्व ऊर्ध्व - पद्म - आसन

पार्श्व ऊर्ध्वपद्मासन

en Sarvāṅgāsana

en Śīrṣāsana

6:51 Pārśvaikapāda-Sarvāṅgāsana

Pārśva - eka - pāda - sarva - aṅga - āsana

Lateral - una - pierna - toda - extremidad - postura

पार्श्व - एक - पाद - सर्व - अङ्ग - आसन

पार्श्वैकपादसर्वाङ्गासन

P (continuación)

7:19 Pārśvaikapāda-Śīrṣāsana
Pārśva - eka - pāda - śīrṣa - āsana
Lateral - una - pierna - cabeza - postura
पार्श्व - एक - पाद - शीर्ष - आसन
पार्श्वैकपादशीर्षासन

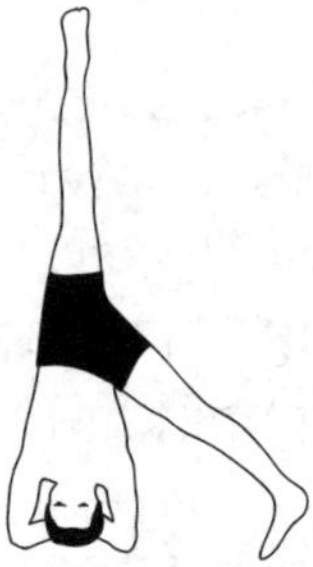

7:43 Pārśvottānāsana
Pārśva - uttāna - āsana
Lateral - estiramiento - postura
पार्श्व - उत्तान - आसन
पार्श्वोत्तानासन

7:59 Parvatāsana
Parvata - āsana
Montaña - postura
पर्वत - आसन
पर्वतासन

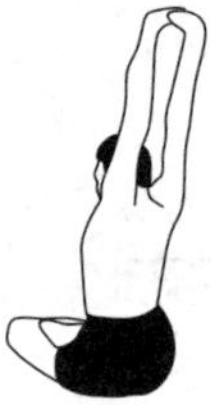

8:10 Paryaṅkāsana
Paryaṅka - āsana
Sillón - postura
पर्यङ्क - आसन
पर्यङ्कासन

8:22 Pāśāsana
Pāśa - āsana
Nudo - postura
पाश - आसन
पाशासन

8:32 Paścimottānāsana
Paścima - uttāna - āsana
Atrás - estiramiento - postura
पश्चिम - उत्तान - आसन
पश्चि मोत्तानासन

8:49 Pīñca-Mayūrāsana
Pīñca - mayūra - āsana
Pluma - pavo real - postura
पीञ्च - मयूर - आसन
पीञ्च मयूरासन

9:08 Piṇḍāsana
Piṇḍa - āsana
Bola - postura
पिण्ड - आसन
पिण्डासन

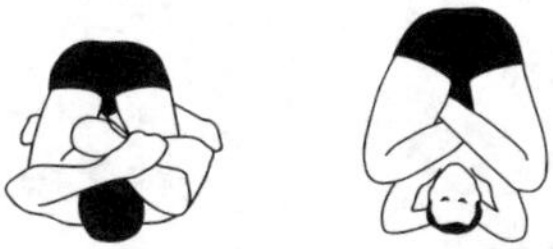

en Sarvāṅgāsana *en Śīrṣāsana*

9:19 Prasārita Pādottānāsana
Prasārita pāda - uttāna - āsana
Extendida pierna - estiramiento - postura
प्रसारित पाद् - उत्तान - आसन
प्र सारितपादोत्तानासन

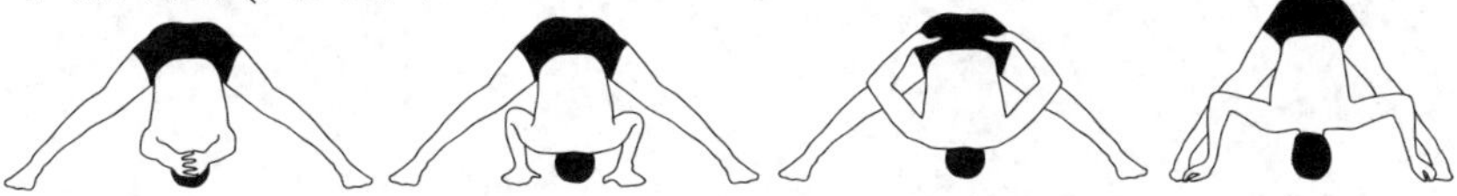

9:40 Pūrvottānāsana
Pūrva - uttāna - āsana
Al frente - estiramiento - postura
पूर्व - उत्तान - आसन
पूर्वोत्तानासन

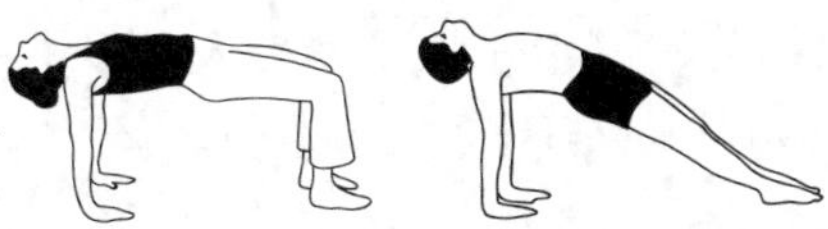

R

DISCO 2, PISTA 22

Para localizar posturas individuales, utilizar indicación de minuto y segundo.

:03 Rāja-Kapotāsana

Rāja - kapota - āsana

Rey - paloma - postura

राज - कपोत - आसन

राजकपोतासन

:18 Ṛcīkāsana

Ṛcīka - āsana

(Nombre del sabio Ṛcīka) - postura

ऋचीक - आसन

ऋचीकासन

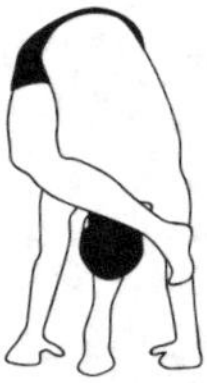

S

DISCO 2, PISTA 23
Para localizar posturas individuales, utilizar indicación de minuto y segundo.

:03 Śalabhāsana
Śalabha - āsana
Langosta - postura
शलभ - आसन
शलभासन

:14 Sālamba-Sarvāṅgāsana
Sa - ālamba - sarva - aṅga - āsana
Con - apoyo - toda - extremidad - postura
स - आलम्ब - सर्व - अङ्ग - आसन
सालम्बसर्वाङ्गासन

:40 Sālamba-Śīrṣāsana
Sa - ālamba - śīrṣa - āsana
Con - apoyo - cabeza - postura
स - आलम्ब - शीर्ष - आसन
सालम्बशीर्षासन

1:00 Samakoṇāsana
Sama - koṇa - āsana
Igual - ángulo - postura
सम - कोण - आसन
समकोणासन

S (continuación)

1:14 Samasthiti
Sama - sthiti
Igual - de pie
सम - स्थिति
समस्थिति

1:28 Ṣanmukhī-Mudrā
Ṣan - mukhī - mudrā
Seis - caras - sello
षन् - मुखी - मुद्रा
षन्मुखीमुद्रा

1:48 Śavāsana
Śava - āsana
Cadáver - postura
शव - आसन
शवासन

1:59 Śayanāsana
Śayana - āsana
Relajación - postura
शयन - आसन
शयनासन

2:11 Setubandha-Sarvāṅgāsana
Setu - bandha - sarva - aṅga - āsana
Puente - atadura - toda - extremidad - postura
सेतु - बन्ध - सर्व - अङ्ग - आसन
सेतुबन्धसर्वाङ्गासन

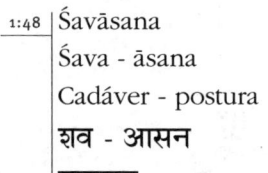

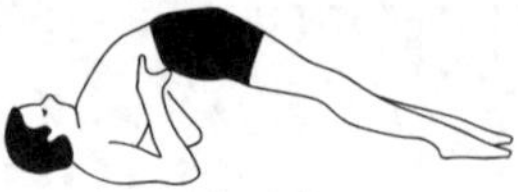

2:35 Setu-Bandhāsana
Setu - bandha - āsana
Puente - atadura - postura
सेतु - बन्ध - आसन
सेतुबन्धासन

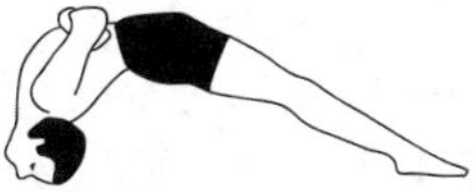

2:51 Siddhāsana
Siddha - āsana
Consumado - postura
सिद्ध - आसन
सिद्धासन

3:03 Siṃhāsana
Siṃha - āsana
León - postura
सिंह - आसन
सिंहासन

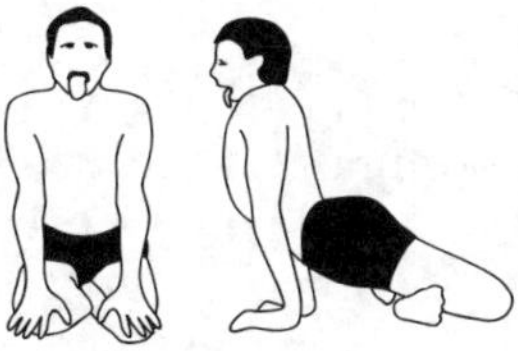

3:14 Śīrṣa-Pādāsana
Śīrṣa - pāda - āsana
Cabeza - pie - postura
शीर्ष - पाद - आसन
शीर्षपादासन

3:31 Skandāsana
Skanda - āsana
(Nombre del sabio Skanda) - postura
स्कन्द - आसन
स्कन्दासन

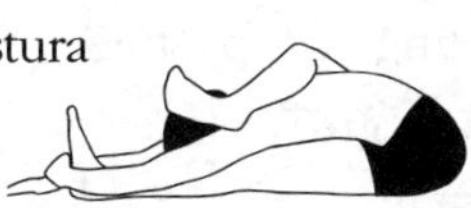

S (continuación)

3:41 Sukhāsana
Sukha - āsana
Fácil - postura
सुख - आसन
सुखासन

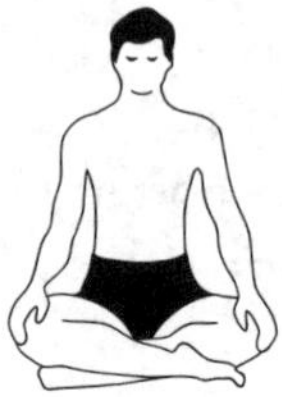

3:52 Supta-Baddha-Koṇāsana
Supta - baddha - koṇa - āsana
Tendido - asido - ángulo - postura
सुप्त - बद्ध - कोण - आसन
सुप्तबद्धकोणासन

4:12 Supta-Bhekāsana
Supta - bheka - āsana
Tendido - rana - postura
सुप्त - भेक - आसन
सुप्तभेकासन

4:27 Supta-Daṇḍāsana
Supta - daṇḍa - āsana
Tendido - bastón - postura
सुप्त - दण्ड - आसन
सुप्तदण्डासन

4:42 Supta-Koṇāsana
Supta - koṇa - āsana
Tendido - ángulo - postura
सुप्त - कोण - आसन
सुप्तकोणासन

4:56 Supta-Kūrmāsana

Supta - kūrma - āsana

Tendido - tortuga - postura

सुप्त - कूर्म - आसन

सुप्तकूर्मासन

5:11 Supta-Pādāṅguṣṭhāsana

Supta - pādāṅguṣṭha - āsana

Tendido - dedo gordo del pie - postura

सुप्त - पादाङ्गुष्ठ - आसन

सुप्तपादाङ्गुष्ठासन

5:29 Supta-Trivikramāsana

Supta - tri - vikrama - āsana

Tendido - tres - paso - postura

सुप्त - त्रि - विक्रम - आसन

सुप्तत्रिविक्रमासन

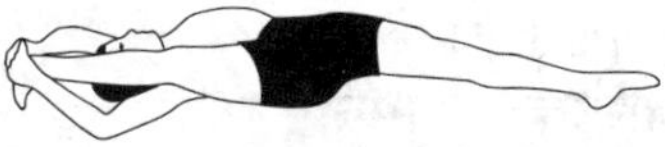

5:49 Supta-Ūrdhva-Pāda-Vajrāsana

Supta ūrdhva - pāda - vajra - āsana

Tendido hacia arriba - pie - rayo - postura

सुप्त ऊर्ध्व - पाद - वज्र - आसन

सुप्त ऊर्ध्वपादवज्र ासन

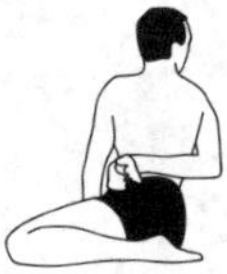

6:13 Supta-Vajrāsana

Supta - vajra - āsana

Tendido - rayo - postura

सुप्त - वज्र - आसन

सुप्तवज्र ासन

S (continuación)

6:28 Supta-Vīrāsana
Supta - vīra - āsana
Tendido - héroe - postura
सुप्त - वीर - आसन
सुप्तवीरासन

6:43 Sūrya-Namaskāra
Sūrya - namaskāra
Sol - saludo
सूर्य - नमस्कार
सूर्यनमस्कार

Serie de posturas con múltiples variantes, una de las cuales presentamos en la sección dedicada al Aṣṭāṅga

6:58 Svastikāsana
Svastika - āsana
Propicio - postura
स्वस्तिक - आसन
स्वस्तिकासन

T

DISCO 2, PISTA 24

Para localizar posturas individuales, utilizar indicación de minuto y segundo.

:03 Taḍāka-Mudrā
Taḍāka - mudrā
Estanque - gesto
तडाक - मुद्रा
तडाकमुद्रा

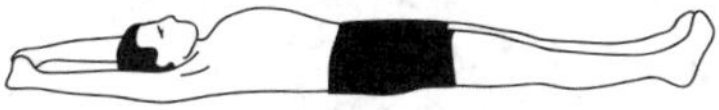

:17 Tāḍāsana
Tāḍa - āsana
Montaña - postura
ताड - आसन
ताडासन

:28 Tiryaṅ-Mukhaikapāda-Paścimottānāsana
Tiryaṅ - mukha - eka - pāda - paścima - uttāna - āsana
Oblicua - cara - una - pierna - atrás - estiramiento - postura
तिर्यङ् - मुख - एक - पाद - पश्चिम - उत्तान - आसन
तिर्यङ्मुखैकपादपश्चि मोत्तानासन

1:03 Tiryaṅ-Mukhottānāsana
Tiryaṅ - mukha - uttāna - āsana
Al revés - cara - estiramiento - postura
तिर्यङ् - मुख - उत्तान - आसन
तिर्यङ्मुखोत्तानासन

T (continuación)

1:28 Tittibhāsana
Tittibha - āsana
Luciérnaga - postura
तित्तिभ - आसन
तित्तिभासन

1:40 Tolāsana
Tola - āsana
Balanza - postura
तोल - आसन
तोलासन

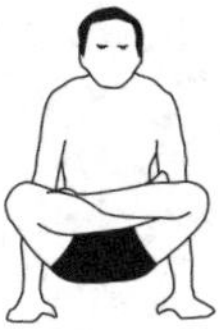

1:50 Trivikramāsana
Tri - vikrama - āsana
Tres - pasos - postura
त्रि - विक्रम - आसन
त्रिविक्रमासन

U

DISCO 2, PISTA 25

Para localizar posturas individuales, utilizar indicación de minuto y segundo.

:03 Ubhaya-Pādāṅguṣṭhāsana

Ubhaya - pādāṅguṣṭha - āsana

Ambos - dedos gordos del pie - postura

उभय - पादाङ्गुष्ठ - आसन

उभयपादाङ्गुष्ठासन

:21 Upaviṣṭa-Koṇāsana

Upaviṣṭa - koṇa - āsana

Sentado - ángulo - postura

उपविष्ट - कोण - आसन

उपविष्टकोणासन

:37 Ūrdhva-Daṇḍāsana

Ūrdhva - daṇḍa - āsana

Hacia arriba - bastón - postura

ऊर्ध्व - दण्ड - आसन

ऊर्ध्वदण्डासन

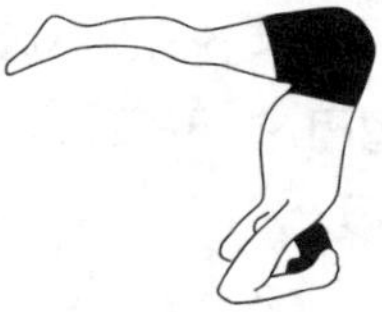

:53 Ūrdhva-Dhanurāsana

Ūrdhva - dhanur - āsana

Hacia arriba - arco - postura

ऊर्ध्व - धनुर् - आसन

ऊर्ध्वधनुरासन

U (continuación)

1:09 Ūrdhva-Kukkuṭāsana
Ūrdhva - kukkuṭa - āsana
Hacia arriba - gallo - postura
ऊर्ध्व - कुक्कुट - आसन
ऊर्ध्वकुक्कुटासन

1:25 Ūrdhva-Mukha-Paścimottānāsana
Ūrdhva - mukha - paścima - uttāna - āsana
Hacia arriba - cara - atrás - estiramiento - postura
ऊर्ध्व - मुख - पश्चिम - उत्तान - आसन
ऊर्ध्वमुखपश्चि मोत्तानासन

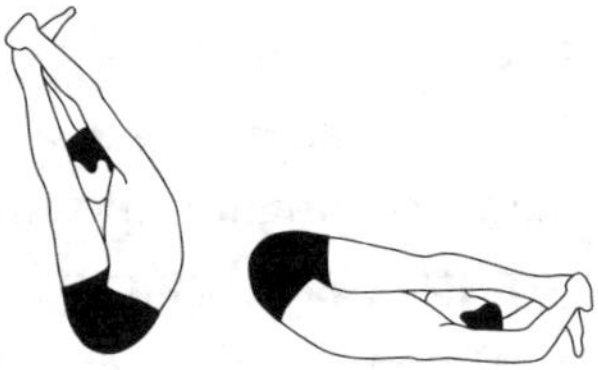

1:53 Ūrdhva-Mukha-Śvānāsana
Ūrdhva - mukha - śvāna - āsana
Hacia arriba - cara - perro - postura
ऊर्ध्व - मुख - श्वान - आसन
ऊर्ध्वमुखश्वानासन

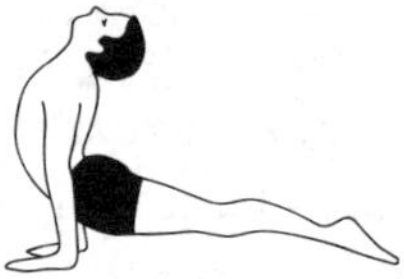

2:12 Ūrdhva-Padmāsana
Ūrdhva - padma - āsana
Hacia arriba - loto - postura
ऊर्ध्व - पद्म - आसन
ऊर्ध्वपद्मासन

en Sarvāṅgāsana

en Śīrṣāsana

2:27 Ūrdhva-Prasārita-Ekapādāsana
Ūrdhva - prasārita eka - pāda - āsana
Hacia arriba - extendida - una - pierna - postura
ऊर्ध्व - प्रसारित एक - पाद - आसन
ऊर्ध्वप्रसारित एकपादासन

2:53 Uṣṭrāsana
Uṣṭra - āsana
Camello - postura
उष्ट्र - आसन
उष्ट्रासन

3:05 Utkaṭāsana
Utkaṭa - āsana
Feroz - postura
उत्कट - आसन
उत्कटासन

3:17 Uttānapādāsana
Uttāna - pāda - āsana
Estiramiento - pierna - postura
उत्तान - पाद - आसन
उत्तानपादासन

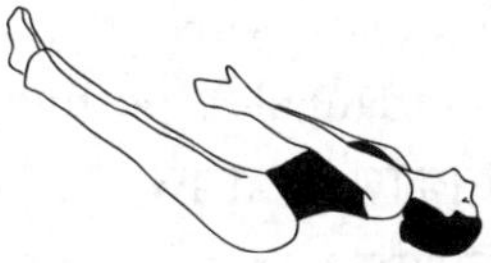

3:34 Uttāna-Padma-Mayūrāsana
Uttāna - padma - mayūra - āsana
Estiramiento - loto - pavo real - postura
उत्तान - पद्म - मयूर - आसन
उत्तानपद्ममयूरासन

3:56 Uttānāsana
Uttāna - āsana
Estiramiento - postura
उत्तान - आसन
उत्तानासन

U (continuación)

4:11 Utthita-Hasta-Pādāṅguṣṭhāsana
Utthita - hasta - pādāṅguṣṭha - āsana
Extendida - mano - dedo gordo del pie - postura
उत्थित - हस्त - पादाङ्गुष्ठ - आसन
उत्थितहस्तपादाङ्गुष्ठासन

4:34 Utthita-Pārśvakoṇāsana
Utthita - pārśva - koṇa - āsana
Extendido - lateral - ángulo - postura
उत्थित - पार्श्व - कोण - आसन
उत्थितपार्श्वकोणासन

4:55 Utthita-Trikoṇāsana
Utthita - trikoṇa - āsana
Extendido - triángulo - postura
उत्थित - त्रिकोण - आसन
उत्थितत्रिकोणासन

V

DISCO 2, PISTA 26

Para localizar posturas individuales, utilizar indicación de minuto y segundo.

:03 Vajrāsana
Vajra - āsana
Rayo - postura
वज्र - आसन
वज्र ासन

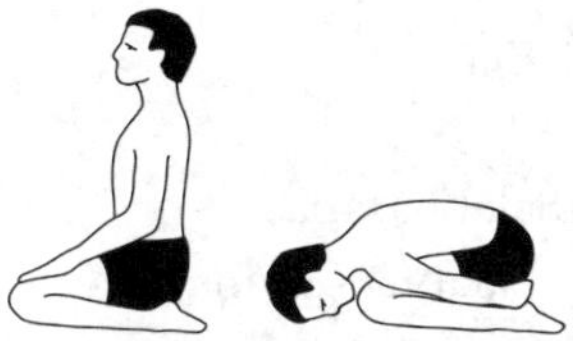

:13 Vāmadevāsana
Vāmadeva - āsana
(Nombre del sabio Vāmadeva) - postura
वामदेव - आसन
वामदेवासन

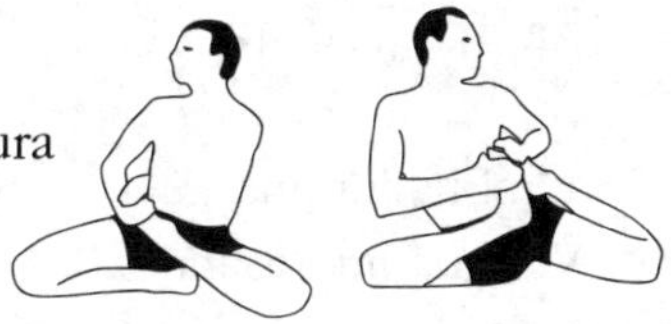

:24 Vasiṣṭhāsana
Vasiṣṭha - āsana
(Nombre del sabio Vasiṣṭha) - postura
वसिष्ठ - आसन
वसिष्ठासन

:36 Vātāyanāsana
Vātāyana - āsana
Caballo - postura
वातायन - आसन
वातायनासन

V (continuación)

:49 Viparīta-Karaṇī
Viparīta - karaṇī
Invertido - hacer
विपरीत - करणी
विपरीतकरणी

1:06 Viparīta-Śalabhāsana
Viparīta - śalabha - āsana
Invertida - langosta - postura
विपरीत - शलभ - आसन
विपरीतशलभासन

1:23 Vīrabhadrāsana
Vīrabhadra - āsana
Guerrero - postura
वीरभद्र् - आसन
वीरभद्र् ासन

1 *2* *3*

1:36 Virañcyāsana
Virañci - āsana
(Nombre del sabio Virañci) - postura
विरञ्चि - आसन
विरञ्च्यासन

1:47 Vīrāsana
Vīra - āsana
Héroe - postura
वीर - आसन
वीरासन

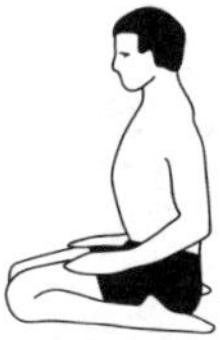

1:58 Viśvāmitrāsana
Viśvāmitra - āsana
(Nombre del sabio Viśvāmitra) - postura
विश्वामित्र - आसन
विश्वामित्रासन

2:11 Vṛkṣāsana
Vṛkṣa - āsana
Árbol - postura
वृक्ष - आसन
वृक्षासन

2:22 Vṛścikāsana
Vṛścika - āsana
Escorpión - postura
वृश्चिक - आसन
वृश्चि कासन

Y

DISCO 2, PISTA 27

Para localizar posturas individuales, utilizar indicación de minuto y segundo.

:03 Yoga-Daṇḍāsana

Yoga - daṇḍa - āsana

Yoga - bastón - postura

योग - दण्ड - आसन

योगदण्डासन

:18 Yoga-Mudrā

Yoga - mudrā

Yoga - sello

योग - मुद्रा

योगमुद्रा

:33 Yoga-Nidrāsana

Yoga - nidrā - āsana

Yoga - dormir - postura

योग - निद्रा - आसन

योगनिद्रासन

ÍNDICES

DISCO 2, PISTA 28

Adho Mukha Vīrāsana (héroe cara abajo)
Véase Bālāsana  73

Añjaneyāsana (nombre del dios mono)
Véase Hanumānāsana (mismo significado)  84

Brahmacaryāsana (control de energía vital)
Véase Upaviṣṭa - Koṇāsana (ángulo sentado)  109

Bhagīrathāsana (nombre del sabio Bhagiratha)
Véase Vṛkṣāsana (árbol)  115

Hasta - Pādāsana (mano - pie)
Véase Pāda - Hastāsana  93

Jathara - Parivṛtti (estómago - girado)
Véase Jaṭhara - Parivartānāsana (mismo significado)  85

Kākāsana (cuervo)
Véase Bakāsana (grulla)  73

Kāñcyāsana (cinturón)
Véase Mālāsana (guirnalda)  90

Maṇḍukāsana (rana)
Véase Bhekāsana (mismo significado)  73

Matsyendrāsana (pez)
Véase Paripūrṇa - Matsyendrāsana (completa - pez)  94

Mṛtāsana (muerto)
Véase Śavāsana (cadáver)  102

Nombres españoles

PÁGINA

PÁGINA

Nombres españoles (continuación) **PÁGINA**

Nombres españoles (continuación) **PÁGINA**

PÁGINA

Nombres españoles (continuación) **PÁGINA**

Nombres españoles (continuación) **PÁGINA**

PÁGINA

Nombres españoles (continuación) **PÁGINA**

PÁGINA

Nombres españoles (continuación)

PÁGINA

PÁGINA

Nombres españoles (continuación) **PÁGINA**

PÁGINA

Nombres españoles (continuación) **PÁGINA**

Alfabeto sánscrito

DISCO 2, PISTA 29

13 vocales (algunas con 2 formas)

अ	a	corta
आ / ा	ā	larga (2 tiempos)
इ / ि	i	corta
ई / ी	ī	larga (2 tiempos)
उ / ु	u	corta
ऊ / ू	ū	larga (2 tiempos)
ऋ / ृ	ṛ	corta
ॠ / ॄ	ṝ	larga (2 tiempos)
ऌ / ॢ	ḷ	
ए / े	e	diptongo (2 tiempos)
ऐ / ै	ai	diptongo (2 tiempos)
ओ / ो	o	diptongo (2 tiempos)
औ / ौ	au	diptongo (2 tiempos)

Dos letras especiales

अं	aṃ	nasalización
अः	aḥ	espiración

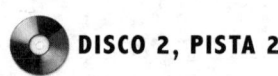

33 Consonantes

क	ka	gutural sorda no aspirada
ख	kha	gutural sorda aspirada
ग	ga	gutural sonora no aspirada
घ	gha	gutural sonora aspirada
ङ	ṅa	gutural nasal
च	ca	palatal sorda no aspirada
छ	cha	palatal sorda aspirada
ज	ja	palatal sonora no aspirada
झ	jha	palatal sonora aspirada
ञ	ña	palatal nasal
ट	ṭa	retrofleja sorda no aspirada
ठ	ṭha	retrofleja sorda aspirada
ड	ḍa	retrofleja sonora no aspirada
ढ	ḍha	retrofleja sonora aspirad
ण	ṇa	retrofleja nasal
त	ta	dental sorda no aspirada
थ	tha	dental sorda aspirada
द	da	dental sonora no aspirada
ध	dha	dental sonora aspirada
न	na	dental nasal
प	pa	labial sorda no aspirada
फ	pha	labial sorda aspirada
ब	ba	labial sonora no aspirada
भ	bha	labial sonora aspirada
म	ma	labial nasal
य	ya	semivocal palatal
र	ra	semivocal retrofleja
ल	la	semivocal dental
व	va	semivocal labial
श	śa	fricativa palatal
ष	ṣa	fricativa retrofleja
स	sa	fricativa dental
ह	ha	fricativa aspirada

Notas

Notas

Notas

Notas

CÓDIGOS QR

DISCO 1

CÁNTICOS PARA TUS PRÁCTICAS

1 Gaṇānāṃ Tvā
2 Cántico a Sarasvatī
3 Yogena Cittasya
4 Vande Gurūnāṃ
5 Maṅgala Mantra
6 Śiva Mantra
7 Cántico a Kṛṣṇamācārya

YOGA SUTRAS

8 1.2 a 1.4, 2.29, 2.46 a 2.48

TÉRMINOS DEL YOGA

9 Aṣṭāṅga
10 Yamas
11 Niyamas
12 Animales
13 Bandhas
14 Partes del cuerpo
15 Chakras
16 Deidades y sabios
17 Direcciones y posiciones
18 Dṛṣṭis
19 Elementos
20 Kleśas
21 Mudrās
22 Números
23 Prāṇāyāma
24 Ṣaṭ-Karmas
25 Textos
26 Upaniṣads
27 Vāyus
28 Vedas
29 Términos generales del yoga

DISCO 2

SECUENCIAS DEL ASTANGA

1 Vande Gurūnām
2 Saludo al Sol A
3 Saludo al Sol B
4 Posturas de pie
5 Posturas sentadas, primera serie
6 Posturas de terminación
7 Segunda serie
8 Tercera serie

NOMBRES DE ASANAS

9 A
10 B
11 C
12 D
13 E
14 G
15 H
16 J
17 K
18 L
19 M
20 N
21 P
22 R
23 S
24 T
25 U
26 V
27 Y

ÍNDICES

28 Sinónimos de nombres de asanas
29 Alfabeto sánscrito